Regulativ

über die

Dienstwohnungen der Staatsbeamten.

Vom 26. Juli 1880.

Unter Berücksichtigung des Nachtrages vom 20. April 1898
:: :: und der ergangenen Verwaltungsvorschriften, :: ::

erläutert von

A. Düffe,
Oberzollrevisor beim Kgl. Hauptzollamte zu Kaldenkirchen.

Berlin 1910.
J. Guttentag, Verlagsbuchhandlung,
G. m. b. H.

Inhaltsverzeichnis.

Regulativ über die Dienstwohnungen der Staatsbeamten vom 26. Juli 1880, ergänzt durch den Nachtrag vom 20. April 1898.

Auf den Bericht des Staatsministeriums vom 31. Mai d. J. will Ich dem hierbei wieder zurückerfolgenden Regulativ über die Dienstwohnungen der Staatsbeamten hierdurch Meine Genehmigung erteilen.

Bad Gastein, den 26. Juli 1880.

(gez.) **Wilhelm.**

(ggz.) Graf zu Stolberg-Wernigerode. v. Kameke. Hofmann. Graf zu Eulenburg. Maybach. Bitter. v. Puttkamer. Dr. Lucius. Dr. Friedberg.

An
das Staatsministerium.

Auf den Bericht des Staatsministeriums vom 17. d. M. will Ich dem hierbei zurückerfolgenden Nachtrage zu dem durch Allerhöchsten Erlaß vom 26. 7. 1880 genehmigten Regulativ über die Dienstwohnungen der Staatsbeamten Meine Genehmigung erteilen.

Homburg v. d. H., den 12. April 1898.

(gez.) **Wilhelm.**

(ggz.) Fürst zu Hohenlohe. v. Miquel. Thielen. Bosse. Frhr. v. Hammerstein. Schönstedt. Frhr. v. d. Recke. v. Goßler. Graf v. Posadowsky. v. Bülow. Tirpitz.

An
das Staatsministerium.

§ 1.

Geltungsbereich.

Dieses Regulativ findet Anwendung[1]) auf alle Dienstwohnungen[2—3]) der Staatsbeamten, der Beamten und Lehrer staatlicher oder vom Staate zu unterhaltender Unterrichtsanstalten, sowie derjenigen Geistlichen und Schullehrer, welchen der Staat in ihrer Eigenschaft als solche Dienstwohnungen überläßt, unbeschadet der ihnen etwa zustehenden Befreiung von Kommunallasten und Abgaben.

Anm. 1. Wiewohl in dem § 33 des Regulativs (Min. Bl. f. d. i. V. für 1880 S. 263) unter Abs. 2 „die entgegenstehenden Vorschriften, namentlich das Regulativ vom 18. Oktober 1822 und die dasselbe ergänzenden und abändernden Bestimmungen" ausdrücklich als „aufgehoben" bezeichnet sind und die Ausführungsverfügung (v. 27. 10. 1880 III 13 889, Z. Bl. 1881 S. 2) zu dem Regulativ am Anfange eine ähnliche Bestimmung enthält, wird doch noch jetzt auf jene früheren Bestimmungen insbesondere soweit zurückgegriffen, als das neue Regulativ nicht bestimmte Vorschriften, namentlich hinsichtlich der ersten Ausstattung der Dienstwohnungen enthält. Sowohl aus der Rundverfügung v. 5. 3. 1868 III 4860 (Z. Bl. S. 103), welche die damals maßgebenden Bestimmungen behufs der Anwendung für die neuen Provinzen zusammenfaßte, als auch aus den in der Zwischenzeit zwischen dem Erlaß dieser Verfügung und dem Inkrafttreten des neuen Regulativs erlassenen Verfügungen sind einzelne solche früheren Bestimmungen in späterer Zeit noch angezogen worden.

Anm. 2. F. M. E. v. 7. 11. 1898 III 15 322, I 15 072.

Zur Beseitigung bestehender Ungleichheiten in der Behandlung der auf Staatssalzwerken an Salzsteuerbeamte überlassenen Wohnungen ist im Einvernehmen mit dem Min. f. Handel und Gewerbe bestimmt worden, daß die Wohnungen, die von den Verwaltungen der Staatssalzwerke für Salzsteuerbeamte bereits gewährt oder künftig noch zu gewähren sind, fortan allgemein als Dienstwohnungen im Sinne des Dienstwohnungen-Regulativs v. 26. 7. 1880 behandelt werden sollen.

Die Wohnungen sind, soweit es nicht schon geschehen ist, gegen eine bestimmte Mietentschädigung der Zollverwaltung zur

Verfügung zu stellen und sodann von letzterer den Beamten als Dienstwohnungen zuzuweisen. Die Entschädigung für die Salinenverwaltung ist unabhängig von dem Betrage, den die Zollverwaltung regulativmäßig für die Benutzung der Wohnungen als Vergütung von ihren Beamten zu erheben hat, zur Vermeidung von Weitläufigkeiten gleichmäßig auf den Betrag des Wohnungsgeldzuschusses der für die Wohnungen bestimmten oder in Aussicht genommenen etatsmäßigen Beamten festzusetzen, weil es sich hierbei nur um Zahlungen aus einer Staatskasse in die andere handelt und es daher nicht darauf ankommt, daß dabei den Abweichungen von den Sätzen des Wohnungsgeldzuschusses Rechnung getragen wird, die bei der Erhebung der Mietvergütungen entstehen, solange die Dienstwohnungen von außeretatsmäßigen Beamten benutzt werden.

Auf die Privatsalinen finden diese Bestimmungen keine Anwendung.

Anm. 3. F.M.E. 15. 1. 1907 III 21248. Für die Vorbereitung in Zukunft etwa vorzunehmender Grundstücksankäufe sind Vereinbarungen, durch die den Verkäufern Befreiung von den Kosten der katasteramtlichen Grundstücksvermessung und den Gerichtskosten zugestanden wird, tunlichst zu vermeiden.

§ 2.

Ausgeschlossen bleiben die Lokalbeamten der Domänen- und Forstverwaltung, sowie die zum Ressort der Bergwerks-, Hütten- und Salinenverwaltung gehörigen Werksunterbeamten mit Rücksicht auf die besonderen dieserhalb bestehenden Vorschriften.

Auch findet das Regulativ auf Geistliche, Kirchenbeamte und Schullehrer, denen Dienstwohnungen von Kommunen und fiskalischen oder Privatpatronen überwiesen sind, keine Anwendung.

§ 3.

Ober-Aufsicht.

Die zuständige Aufsichtsbehörde [1–2]) hat die Befolgung der den Inhabern obliegenden Verpflichtungen zu überwachen, von dem Zustande der Dienstwohnungen sowohl während der Benutzung seitens der Inhaber, als auch während der Übergangsfrist zwischen Rückgewähr und Übergabe durch ihre Verwaltungsorgane oder Techniker Kenntnis zu nehmen

und bei Wahrnehmung von Verstößen und Mängeln die entsprechende Abhilfe anzuordnen[3–9]).

Anm. 1. Die kontrollierenden Beamten — Oberzollkontrolleure und Oberzollinspektoren — nicht minder die Präsidenten der Oberzolldirektionen und deren Räte — sind verpflichtet, von dem Zustande der Dienstwohnungen von Zeit zu Zeit Kenntnis zu nehmen und, wenn sie finden, daß solche nicht in einer brauchbaren und dem Anstande entsprechenden Beschaffenheit sind, wegen der erforderlichen Instandsetzung die nötigen Einleitungen zu treffen.

Die Oberzollkontrolleure und Oberzollinspektoren haben sich mindestens einmal im Jahre einer solchen Besichtigung für jede in ihrem Bezirke vorhandene Dienstwohnung zu unterziehen und daß solches geschehen, nebst Angabe des Befundes entweder in der außerdem etwa aufzunehmenden Dienstrevisionsverhandlung oder in einem besonderen Protokolle zu registrieren.

(Vgl. Reg. v. 18. 10. 1822 Nr. 7.)

Anm. 2. F.M.E. v. 23. 2. 1897 III 1215, Z.Bl. S. 67.

Als Aufsichtsbehörde im Sinne des Regulativs gilt für die Dienstwohnungen der Beamten vom Oberzollinspektor abwärts der Präsident der Oberzolldirektion.

Zum Kommissar für die Übergabe und Rückgewähr der Dienstwohnungen ist, falls nicht besondere Umstände eine Ausnahme bedingen, der Oberzollinspektor, für die Dienstwohnungen der Oberzollinspektoren in der Regel der Bezirksrat zu bestimmen.

Von den Inventarien der Dienstwohnungen des Hauptamtsbezirks ist bei dem Hauptamte eine Abschrift aufzubewahren.

Bei der Überwachung des Zustandes der Wohnungen während der Dauer der Benutzung haben sich die Präsidenten der Mitwirkung der Bezirksräte, Oberzollinspektoren und Oberzollkontrolleure zu bedienen. Diese Beamten haben ebenso wie die Präsidenten bei ihren Bezirksbereisungen von dem Zustande der Dienstwohnungen von Zeit zu Zeit Überzeugung zu nehmen und wegen der Beseitigung etwaiger Mängel die nötigen Einleitungen zu treffen.

Für Dienstwohnungen, die sich in staatlichen Gebäuden befinden, sind die Bestimmungen des § 110 der Dienstanweisung für die Königl. Bauinspektionen (mitgeteilt durch Erlaß vom 17. 11. 1888 III 21694) genau zu beachten. An den dort angeordneten bauamtlichen Untersuchungen hat sich in der Regel der Oberzollinspektor persönlich zu beteiligen.

Auch die übrigen Dienstwohnungen, mögen sie sich in angemieteten Räumen befinden oder von anderen Behörden oder Gewerbetreibenden unentgeltlich zur Verfügung gestellt sein, sind neben der fortlaufenden Überwachung alljährlich im Monat März behufs Feststellung der zur Instandhaltung nötigen Reparaturen durch den Oberzollinspektor einer eingehenden Besichtigung zu unterwerfen. Die Dienstwohnungen der Oberzollinspektoren sind alljährlich einmal durch die Bezirksräte zu besichtigen. Der Zuziehung von Baubeamten zu diesen Besichtigungen bedarf es nicht. Jedoch ist nach Maßgabe des Erlasses v. 14. 8. 1894 III 11139 die bauamtliche Untersuchung der Wohnungen herbeizuführen, wenn sich über die Beschaffenheit oder die Ursache der Mängel oder über die Verpflichtung zur Herstellung oder Ersatzleistung Zweifel oder Meinungsverschiedenheiten ergeben. Über das Ergebnis der Besichtigung ist eine Verhandlung aufzunehmen und wegen Beseitigung der Mängel alsbald das Erforderliche zu veranlassen. Mit der Besichtigung der Dienstwohnungen kann die in Ziff. 1 der Verf. v. 27. 10. 1880 III 15884 vorgeschriebene alljährliche Revision der Inventarien der Dienstwohnung verbunden werden.

Die Verhandlungen sind, unter Angabe des zur Instandsetzung der Wohnungen Veranlaßten, der Aufsichtsbehörde zur Prüfung einzureichen.

Anm. 3. Min. d. öffentl. Arb. III 1440 v. 7. 2. 1899.

Mit der im § 59 — früher § 110 — der am 1. 1. 1899 in Kraft getretenen Dienstanweisung für die Lokalbaubeamten der Staatshochbauverwaltung gegebenen Vorschrift, daß die jährlichen Untersuchungen der Staatsgebäude — anstatt wie bisher im März — künftig in der Zeit vom 1. April bis zum 1. Oktober vorgenommen werden sollen, wird bezweckt, daß die Lokalbaubeamten diese Untersuchungen in Verbindung mit sonstigen Dienstreisen je nach den örtlichen Verhältnissen erst dann vornehmen, wenn Schneefall und Frost aufgehört hat und die Heizperiode beendet ist.

Abgesehen von sehr dringlichen, besonders zu behandelnden Fällen soll es als Regel gelten, daß größere bauliche Instandsetzungen erst in dem auf die Untersuchung folgenden Jahre zur Ausführung gelangen, damit den Lokalbaubeamten für eine sorgfältige Veranschlagung und den Regierungen für eine gründliche Prüfung der Anschläge genügend Zeit verbleibt usw.

§ 59 der genannten Dienstanweisung lautet:

Die Lokalbaubeamten haben über alle ihnen baulich unterstellten Gebäude ein nach Ressorts geordnetes Verzeichnis anzufertigen und fortzuführen. Den Regierungspräsidenten ist Abschrift des Verzeichnisses einzureichen und über eingetretene Veränderungen am Anfange jedes Jahres Bericht zu erstatten.

Die Staatsgebäude und staatlichen Bauanlagen sowie die vom Fiskus angemieteten Gebäude nebst ihren Einrichtungen sind zur Feststellung der für die ordnungsmäßige Instandhaltung erforderlichen Reparaturen durch die Lokalbaubeamten in Gemeinschaft mit dem Vorstandsbeamten der das fragliche Gebäude benutzenden Verwaltung periodisch zu untersuchen. Die Untersuchung der Blitzableiter auf ihre Leitungsfähigkeit liegt den Lokalbaubeamten nicht ob.

Über das Ergebnis der Untersuchung ist eine Verhandlung aufzunehmen, in der die für das nächste Etatsjahr erforderlichen Arbeiten zu verzeichnen sind.

Die Untersuchungen sind jährlich einmal in der Zeit vom 1. April bis 1. Oktober vorzunehmen. Der von den Lokalbaubeamten für die Untersuchung in Aussicht genommene Termin ist dem beteiligten Vorstandsbeamten mindestens 14 Tage vorher mitzuteilen. Für Gebäude, die nur geringen Umfang haben, oder keiner erheblichen Abnutzung ausgesetzt sind, kann von den Regierungspräsidenten usw. im Einvernehmen mit den Provinzialbehörden der beteiligten Ressorts (Oberzolldirektions-Präsidenten, Provinzialschulkollegien, Oberlandesgerichtspräsidenten und Oberstaatsanwälten usw.) nachgelassen werden, daß die Untersuchungen in zwei- oder dreijährigen Fristen stattfinden.

Bei der Prüfung des Baubedürfnisses ist darauf zu achten, daß das Bestehende tunlichst erhalten und verbessert wird; unzulässig ist es, vorhandene Einrichtungen ohne zwingende Gründe abzuändern oder zu beseitigen.

Die Lokalbaubeamten haben bei der Feststellung der erforderlichen Reparaturen zwar den von der nutznießenden Behörde vorgebrachten Wünschen möglichst zu entsprechen, sind jedoch dafür verantwortlich, daß nur solche Arbeiten berücksichtigt werden, die sich bei der Untersuchung aus wirtschaftlichen und technischen Gründen als notwendig ergeben.

Werden wesentliche Änderungen der architektonischen Gestaltung oder der inneren Einrichtung der Gebäude beabsichtigt, so ist die Genehmigung der Superrevisionsinstanz und des beteiligten Ressortministers erforderlich.

Die erforderlichen Anschläge sind, falls die Kosten der an einem Gebäude für notwendig erachteten Unterhaltungsarbeiten nach überschläglicher Schätzung 500 Mark überschreiten, von dem Lokalbaubeamten ohne besonderen Auftrag auszuarbeiten und der vorgesetzten Dienstbehörde mit einer Abschrift der Verhandlung einzureichen. Für größere Reparaturen, deren Kosten die etatsmäßigen Unterhaltungsmittel übersteigen würden, sind zunächst nur Kostenüberschläge aufzustellen.

Reparaturen dürfen vor der Feststellung der Kostenanschläge und der Genehmigung ihrer Ausführung nicht vorgenommen werden, sofern nicht nach dem Ermessen der Lokalbaubeamten Gefahr im Verzuge ist.

Anm. 4. F.M.E. 7. 9. 1907 III 15266.

Die Bearbeitung der ausführlichen Entwürfe und Kostenanschläge für staatliche Bauten fällt meistens in die Zeit, in der die Lokalbaubeamten mit der Einleitung und Ausführung von Bauten voll beschäftigt sind. Infolge der Inanspruchnahme mit diesen Arbeiten müssen ihnen technische Hilfskräfte zur Unterstützung beigegeben werden. Es hat sich dabei oftmals herausgestellt, daß solche Hilfskräfte schwer zu erhalten waren oder daß ihre Annahme nicht so zeitig erfolgen konnte, daß die Entwürfe pünktlich zum vorgeschriebenen Termin fertiggestellt und der Provinzialbehörde zur Vorprüfung vorgelegt werden konnten pp.

Um diese Übelstände zu vermeiden, ist es in erster Linie erforderlich, die Vorbereitung zu einem Bauvorhaben, die Anfertigung der Entwürfe usw. so rechtzeitig zu beenden, daß für die Aufstellung der ausführlichen Entwürfe und Kostenanschläge ein dem Umfange der Arbeit entsprechender Zeitraum verbleibt. Im allgemeinen ist letzterer bei Bauanlagen bis zum Betrage von etwa 20000 Mark auf mindestens vier Monate, bei Bauanlagen von einem höheren Kostenbetrage auf mindestens sechs Monate zu bemessen. Zur Vorprüfung durch die Provinzialbehörde und zur ministeriellen Superrevision sind noch $1^1/_2$ bis 2 Monate nötig.

Hieraus ergibt sich, daß mit der Ausarbeitung der ausführlichen Entwürfe bei Bauten des erstgenannten Umfanges spätestens am 1. April, bei Bauten des größeren Umfanges spätestens am 1. Februar des Jahres begonnen werden muß, um den für die Anmeldungen zum Etat vorgeschriebenen Termin innehalten zu können.

Die Vorbereitungen zu den Bauten sollen daher so rechtzeitig erledigt werden, daß die ausführlichen Entwürfe zu den genannten Zeitpunkten in Angriff genommen werden können.

Bauvorhaben, welche bei normaler Anspannung der Kräfte nicht bis zu der für die Etatsanmeldungen vorgeschriebenen Zeit vorbereitet werden können, müssen, sofern es sich nicht um besonders eilige Ausnahmefälle handelt, bis zu einem späteren Etatsjahre zurückgestellt werden.

Anm. 5. E. d. Min. d. öff. A. v. 20. 7. 1907, F. M. E. 11. 11. 1907 III 19 235.

Zur Entlastung der Lokal- und Provinzialbehörden der Staatshochbauverwaltung von minder wichtigen Arbeiten und zur Hebung ihrer Selbständigkeit ist folgendes angeordnet worden:

1 bis 5 usw.

6. Abgesehen von Umbauten und Erneuerungsarbeiten an Kirchen sowie von Bauten von besonderem Kunstwert oder von ungewöhnlich schwierigen Konstruktionen haben die Lokalbaubeamten alle bautechnischen Geschäfte bis zur Kostengrenze von 3000 Mark selbständig und endgültig zu erledigen, soweit nicht durch besondere Bestimmungen die Genehmigung der Provinzialbehörde vorgeschrieben ist.

In den vorstehend gezogenen Grenzen können die Lokalbaubeamten von den Provinzialbehörden auch zur selbständigen Anweisung von Rechnungen und Abschlagszahlungen ermächtigt werden. Dabei sind die für die Wasserbauverwaltung erlassenen Bestimmungen sinngemäß zu beachten.

7. Die Kostenbeiträge, bei denen die Superrevision von Entwürfen und Bauanschlägen einzutreten hat, sind durch den Allerhöchsten Erlaß vom 24. Juni d. J. erhöht.

Danach unterliegen der Superrevision:

a) Entwürfe und Kostenanschläge der nicht unter b und c fallenden staatlichen Neu- und Reparaturbauten, deren Kosten 50 000 Mark (bisher 30 000 Mark) übersteigen.
b) Entwürfe und Anschläge zu Kirchenbauten bei einem Kostenbetrage über 15 000 Mark (bisher 5000 bezw. 10 000 Mark).
c) Entwürfe und Anschläge zu Bauten von Kunstdenkmälern bei einem Kostenbetrage über 10 000 Mark (bisher 5000 bezw. 10 000).

Bei Interessentenbauten, die unter Beteiligung des Staates ausgeführt werden, bedarf es der Superrevision, sobald der staatliche Beitrag die vorbezeichneten Beträge übersteigt.

Es bleibt vorbehalten, für Bauten, die nach dem Ermessen der Zentralinstanz in technischer oder rechtlicher Beziehung besondere Bedeutung haben, oder bei denen hinsichtlich der Bauart oder der zur Verwendung gelangenden Baustoffe besondere Schwierigkeiten oder Bedenken obwalten, die Vorlegung der Entwürfe und Anschläge zur Superrevision auch bei geringeren, als den vorbezeichneten Kostenbeträgen anzuordnen.

Anm. 6. Nach § 77 Ziff. 4 der Etatsvorschriften für die Zollverwaltung sind die bei dem Fonds zur Unterhaltung von Dienstgebäuden pp. zur Verrechnung gelangenden Kosten von Bauausführungen zur baldigen Befriedigung der Handwerker und Lieferer ungesäumt nach der Fälligkeit der Forderungen anzuweisen. Damit dies in allen Fällen, in denen mehrere Handwerker und Lieferanten mitwirken, deren Arbeiten und Lieferungen meist zu verschiedenen Zeiten ausgeführt und beendigt werden, geschehen kann, müßten für jeden einzelnen der Handwerker usw. von den Hauptämtern besondere Forderungsnachweise aufgestellt und zur Zahlungsanweisung der Oberzolldirektion eingesandt werden. Zwecks Verminderung des Schreibwerks ist deshalb bestimmt worden, daß, sobald bei Bauausführungen die von einem Beteiligten übernommene Arbeit bezw. Lieferung beendet bezw. erfolgt ist bezw. seine Forderung fällig wird, auf Anweisung des Hauptamtsleiters der bezügliche Betrag gezahlt werden kann, sofern derselbe den in der genehmigten Bedarfsnachweisung zum Ansatz gebrachten Kostenbetrag nicht übersteigt. Gegebenen Falles ist alsbald die nachträgliche Genehmigung einzuholen.

Die Anweisung zur Zahlung der Beträge hat auf besonderem halben Bogen mit den Worten zu erfolgen:

Auf Grund der mittels Verfügung der Kgl. O. Z. D. vom ... Nr. .... genehmigten Bedarfsnachweisung sind an ...... in .... zu zahlen ..... Mark .... Pf.

Ort, Datum. Unterschrift und Dienststellung.

Nach erfolgter Zahlung hat die betreffende Zollkasse dann den Betrag unter Beifügung der Zahlungsanweisung der Oberzollkasse aufzurechnen, welche ihn im Vorschußmanuale bucht. Nachdem auf diese Weise sämtliche Berechnungen beglichen sind, ist der mit den Kostenanschlägen, Rechnungen und Quittungen usw. gehörig belegte Gesamtforderungsnachweis der Oberzolldirektion einzusenden, welche nach Prüfung und Feststellung die Oberzollkasse mit endgültiger Zahlungsanweisung versieht.

Die Oberzollkasse hat daraufhin im Vorschußbuche die gezahlten Beträge in Einnahme zu stellen und gleichzeitig im Hauptbuche endgültig in Ausgabe zu buchen.

Anm. 7. Seitens der Kgl. Oberrechnungskammer ist erinnert worden, daß der F.M.E. v. 4. 9. 1880 III 12090, wonach die Kostenanschläge über bauliche Herstellungen usw. von den Hauptamtsleitern materiell zu prüfen und zu bescheinigen sind, mehrfach unbeachtet geblieben ist. Es ist daher auf die genaue Beachtung dieser Bestimmung hingewiesen worden.

Anm. 8. Zufolge der Entscheidung zu einer Kassenprüfungserinnerung soll darauf gehalten werden, daß auf den Belegen über die zur vorschußweisen Zahlung angewiesenen Kosten für Bauausführungen außer der Anweisung des Oberzollinspektors noch entweder die Quittung der Empfänger (die dann also doppelt zu quittieren hätten), oder die Bescheinigung des Kassenkurators über die stattgehabte Zahlung beigebracht wird.

Anm. 9. Die Hauptamtsleiter sind nicht befugt, die Ausführung von baulichen Instandsetzungen in und an den ihnen selbst überwiesenen Dienstwohnungen selbständig anzuordnen (§ 77 Abs. 7 der Etatsvorschriften). Zur Vornahme von Ausbesserungen usw. an diesen Dienstwohnungen ist ohne Rücksicht auf die Höhe der dadurch entstehenden Kosten stets die Genehmigung des Präsidenten der Oberzolldirektion erforderlich.

§ 4.

Inventarium.

Über jede Dienstwohnung nebst Zubehör muß ein vollständiges und übersichtliches, geeignetenfalls mit einem Grundplan oder doch mit einer Handzeichnung zu versehendes Inventarium in zwei gleichlautenden Exemplaren, von denen das eine durch die Aufsichtsbehörde (§ 3), das andere durch den Wohnungsinhaber [1]) aufbewahrt wird, angelegt und durch Nachtragung aller während der Benutzungszeit genehmigten Abänderungen vervollständigt werden, so daß das Inventarium stets den zeitigen Stand der Wohnungen erkennen läßt und eine ausreichende Grundlage für die Rückgewähr bildet. [2])

Anm. 1. F. M. E. 28. 1. 1881 III 716.

Das zweite Exemplar des Inventars der Dienstwohnung des Präsidenten der Oberzolldirektion ist in dem Archiv der Oberzolldirektion zu verwahren und die nach § 6 zu treffenden Anordnungen wegen Nachtragung der Abänderungen sind von dem Präsidenten selbst zu erlassen.

Anm. 2. F. M. E. 10. 8. 03 III 9897, Z. Bl. S. 422.

Bei allen Kostenrechnungen über bloße Veränderungen, Reparaturen pp. an bereits inventarisierten Gebäuden nebst

Zubehör und an den inventarisierten Utensilien sind die besonderen Inventarisierungsbescheinigungen nicht mehr erforderlich. Die Richtigkeitsbescheinigung schließt das Anerkenntnis in sich, daß die Gegenstände zu den staatseigenen oder in der Unterhaltungspflicht des Staats befindlichen Bestande gehören. In allen anderen Fällen, also bei Anschaffung und Erwerb beweglicher und unbeweglicher Gegenstände ist die erfolgte Inventarisierung nach Titel und Nummer anzugeben und zu bescheinigen oder durch die Richtigkeitsbescheinigung zu bestätigen.

§ 5.

Das Inventarium muß enthalten:

a) Zahl, Maß und Ausstattung der Räume,

b) die Bezeichnung der etwaigen Repräsentationsräume und ihrer Ausstattung,

c) die auf der Wohnung oder dem Dienstgrundstück haftenden Lasten und Besitzeinschränkungen,

d) bei Dienstwohnungen mit Garten oder Ackernutzung die Angabe des Flächeninhalts und die Beschreibung der Grenzen beziehentlich der Bewährungen usw. gegen die Nachbargrundstücke, sowie einen Vermerk darüber, ob und welche Vergütung der Wohnungsinhaber für die Nutzung der Ländereien zu entrichten hat.

Im übrigen bestimmt sich die Einrichtung des Inventariums in Form und Inhalt nach den besonderen Verhältnissen der Dienstwohnung.

§ 6.

Der Wohnungsinhaber darf in dem von ihm aufzubewahrenden Exemplar des Inventariums eigenmächtig keine Eintragung vornehmen. Die Nachtragung der Abänderungen erfolgt in beiden Exemplaren des Inventariums gleichlautend, auf Anordnung der Aufsichtsbehörde. Etwaige Mängel des Inventariums sind bei den im § 3 erwähnten Revisionen beziehungsweise bei der Abnahme oder Übergabe der Dienstwohnungen zu berichtigen. [1])

Anm. 1. Ausf.=Verf. 1. Zur Sicherung einer ordnungsmäßigen Führung der Inventarien (§§ 4—6 d. Reg.) ist es erforderlich, daß zwischen den beiden, durch die Aufsichtsbehörde und durch den Wohnungsinhaber aufzubewahrenden Exemplaren des Inventariums stets vollständige Übereinstimmung in Form und Inhalt stattfindet. Neben der im § 3 d. Reg. erwähnten allgemeinen Prüfung des Zustandes der Dienstwohnungen sind die Inventarien sowohl bei der Übergabe und Rückgewähr der Dienstwohnungen als auch während der Benutzung seitens der Inhaber der Regel nach alljährlich einmal einer Revision zu unterziehen. Dieselbe hat sich auf die Prüfung der im Inventarium nachgetragenen Zugänge, der nachgewiesenen Abgänge und auf das Vorhandensein der sonach verbliebenen Gegenstände zu erstrecken. Über das Ergebnis einer jeden Revision ist eine Verhandlung aufzunehmen und zu den Akten zu bringen.

§ 7.

Zuweisung und Entziehung.

Die Überlassung von Dienstwohnungen erfolgt nach Maßgabe des Etats [1–5]. Die Annahme einer vom Staate angewiesenen Dienstwohnung kann nicht verweigert werden. Wird dem Beamten auf seinen Antrag aus besonderen Gründen die Benutzung der Dienstwohnung erlassen, so erfolgt die Festsetzung der näheren Bedingungen durch den Ressortchef im Einvernehmen mit dem Finanzminister [6–9].

Anm. 1. Ausf.=Verf. 2. Da die Überlassung von Dienstwohnungen nur nach Maßgabe des Etats zu erfolgen hat (§ 7 d. Reg.), so müssen sämtliche den Beamten überwiesenen Dienstwohnungen in den Spezialetats der betreffenden Verwaltung aufgeführt werden. Ist für die Dienstwohnung eine Vergütung nicht zu entrichten, so ist erstere als eine „freie" zu bezeichnen (§ 18 d. Reg.).

F. M. E. 4. 7. 1882 III 8776.

Die Überweisung einer Dienstwohnung an einen anderen als den im Etat vorgesehenen Beamten kann nur auf Grund der vorher nachzusuchenden Ermächtigung des Ressortchefs erfolgen. Die förmliche Übergabe der Dienstwohnung an den neuen Beamten hat ohne Rücksicht auf die noch vorzunehmenden baulichen Änderungen derselben sogleich zu erfolgen.

Anm. 2. F. M. E. v. 17. 1. 1906 III 765.

Nach § 7 D. W. R. und § 28 des Gesetzes, betr. den Staatshaushaltsetat, v. 11. 5. 1898, erfolgt die Überlassung von Dienstwohnungen an Beamte nach Maßgabe des Etats. Die Zahl der Dienstwohnungen für die Beamten der Verwaltung der indirekten Steuern ist in den Kassenetats der Hauptzollämter für jede Beamtenklasse besonders angegeben. Die Überweisung einer im Etat aufgeführten Dienstwohnung an einen Beamten, der einer anderen Klasse angehört als derjenigen, bei der die Dienstwohnung im Etat aufgeführt ist, z. B. die Überweisung der Dienstwohnung eines Oberzollkontrolleurs an einen Obereinnehmer, stellt sich somit als eine Abweichung von dem jedesmal giltigen Kassenetat dar, zu der nach den bestehenden Bestimmungen meine Genehmigung erforderlich ist.

Nach den am 1. November 1905 vorgelegten Nachweisungen der Dienstwohnungen wird in dieser Beziehung nicht gleichmäßig verfahren. Zur Herbeiführung eines einheitlichen Verfahrens und zur Vereinfachung des Geschäftsganges ist bestimmt worden, daß es künftig der Genehmigung des Fin. Min. in den bezeichneten Fällen nicht mehr bedarf, wenn die anderweite Verwendung der Dienstwohnung innerhalb desselben Etatstitels erfolgt, d. h. wenn die Stelle des Beamten, dem die Dienstwohnung nach dem Kassenetat zugewiesen ist, demselben Etatstitel angehört, wie die Stelle des Beamten, dem die Wohnung künftig überwiesen werden soll. Die Präsidenten der Oberzolldirektionen werden ermächtigt, in diesen Fällen die Genehmigung zur anderweiten Verwendung der Dienstwohnung fortan selbständig zu erteilen. Handelt es sich jedoch um die Überweisung einer im Etat aufgeführten Dienstwohnung an einen Beamten, dessen Gehalt aus einem anderen Etatstitel gezahlt wird, oder um die Verwendung einer Dienstwohnung zur Vergrößerung oder Einrichtung von Geschäftsräumen, so bedarf es auch ferner zu der Abweichung vom Etat der ministeriellen Genehmigung.

Anm. 3. F. M. E. v. 12. 3. 1900 III 2619.

Es ist notwendig, daß die in den Kassenetats der Zollverwaltung angesetzte Zahl der Dienstwohnungen mit der im Staatshaushaltsetat enthaltenen Angabe hierüber übereinstimmt.

Zur Erzielung dieser Übereinstimmung sollen die durch Erl. v. 13. 5. 1890 III 5771 vorgeschriebenen Nachweisungen derjenigen Beamten, denen eine Dienstwohnung oder ein sonstiges Dienstemolument gewährt ist, fortan nach dem Stande vom 1. November jeden Jahres aufgestellt und darin alle diejenigen Änderungen berücksichtigt werden, von denen zur Zeit der Einreichung feststeht, daß sie bis zum Schlusse des jedesmal laufenden Etatsjahres eintreten werden.

Die Einreichung hat pünktlich bis zum 5. des bezeichneten Monats zu erfolgen.

Änderungen gegen die Ansätze dieser Nachweisungen, die demnächst bis zur Vorlegung des Entwurfes zum Kassenetat für das nächste Etatsjahr eintreten, dürfen in diesem Entwurfe nur insoweit berücksichtigt werden, als durch ihr Gesamtergebnis die Summen der in der Nachweisung für jeden einzelnen Etatstitel angegebenen Dienstwohnungen nicht erhöht oder herabgesetzt werden, wogegen Änderungen, durch welche dies geschieht, in dem Etatsentwurfe nicht zu berücksichtigen und demgemäß während des folgenden Etatsjahres ebenso zu behandeln sind, als wenn sie erst im Laufe dieses Etatsjahres eingetreten wären.

Anm. 4. Zu Anm. 3; s. auch § 92 der Etatsvorschriften für die Zollverwaltung v. 6. 3. 1908, Z. Bl. S. 141 (Beilage).

Anm. 5. Auf den Bericht vom 30. November d. Js. will ich unter Abänderung der Ordres vom 2. Mai 1853 und 10. Januar 1898 genehmigen, daß die Vermerke über die Bewilligung von Feuerungs- und Beleuchtungsmaterial aus fiskalischen Vorräten an Unterbeamte in dem Etat fortan fortfallen dürfen.

Neues Palais, den 7. Dezember 1908.

gez. Wilhelm. R.

ggez. v. Bülow, v. Bethmann-Hollweg, v. Tirpitz, Frhr. v. Rheinbaben, v. Einem, Delbrück, Beseler, Breitenbach, v. Arnim, Moltke, Sydow.

An das Staatsministerium.

F. M. E. v. 30. 12. 1908 III 21 817.

Abschrift mit dem Bemerken, daß in dem Entwurfe zum Staatshaushaltsetat für 1909 die bisherigen Vermerke, wonach einzelnen Beamten Nutzungen oder Naturalbezüge gegen Entgelt überlassen sind, allgemein weggelassen worden sind, da nach § 29 des Gesetzes, betr. den Staatshaushalt v. 11. 5. 1898 (G. S. S. 77), Nutzungen an den zur Verfügung des Staates stehenden Gebäuden oder Grundstücken sowie sonstige Naturalbezüge an Beamte nur gegen Entgelt überlassen werden dürfen, eine Bezeichnung der Einzelfälle aber, in denen dies geschieht, im Etat nicht erforderlich erscheint. Diese Vermerke sind daher, soweit es nicht bisher schon geschehen ist, künftig auch in den Kassenetats wegzulassen. Dies gilt namentlich auch für die Vermerke über die Berechtigung von Beamten zur Entnahme von Feuerungsmaterial aus den Vorräten der Behörde.

In den Kassenetats sind hiernach, wie in dem Staatshaushaltsetat, fortan neben den Vermerken über die Zahl der Dienstwohnungen

(§ 8 des Staatshaushaltsgesetzes) nur die Fälle zu bezeichnen, in denen einzelnen Beamten Nutzungen an Gebäuden oder nicht zu Dienstwohnungen gehörigen Grundstücken oder sonstige Naturalbezüge ohne Entgelt überlassen sind. Der Vordruck zu den Kassenetats wird dementsprechend geändert werden.

Die nach § 92 der Etatsvorschriften zum 5. November jedes Jahres vorzulegende Nachweisung der Dienstwohnungen und sonstigen Nutzungen ist fortan nach dem anliegenden Muster aufzustellen.

Provinz ....

Nachweisung

der etatsmäßigen Beamten der Verwaltung der Zölle und indirekten Steuern, denen eine Dienstwohnung gewährt ist, oder denen andere Nutzungen an den zur Verfügung des Staates stehenden Gebäuden und Grundstücken oder sonstige Naturalbezüge ohne Entgelt überlassen sind (§ 92 der Etatsvorschriften).

Nach dem Stande vom 1. November 19 . .)

Bezeichnung der Beamtenklasse	Zahl der etatsmäßigen Beamten, denen			Bemerkungen
	a. eine Dienstwohnung überwiesen ist	b. Nutzungen an Gebäuden oder nicht zu Dienstwohnungen gehörigen Grundstücken ohne Entgelt überlassen sind	c. sonstige Naturalbezüge ohne Entgelt gewährt sind	

Anm. 6. F. M. E. v. 4. 9. 1880 III 12090.

Wenn das Bedürfnis eintritt, Beamtendienstwohnungen zu erbauen oder bereits vorhandene zu vergrößern, so ist künftig vor der Ausführung stets und ohne Rücksicht auf die Höhe des Anschlagsbetrages die Genehmigung des Fin. Min. einzuholen.

Anm. 7. Allerh. Kabinetsordre, Kabinetsschreiben v. 23. 1. 1886, F. M. E. 29. 9. 1905 III 1062.

Die Königlichen Gebäude sind an den Geburtstagen Ihrer Majestäten und Ihrer Kaiserlichen und Königlichen Hoheiten des Kronprinzen und der Kronprinzessin, am Neujahrstage, an demjenigen Sonntage, an welchem das Krönungs- und Ordensfest gefeiert wird, und endlich am 2. September, dem Sedantage, von morgens früh bis nach Sonnenuntergang zu flaggen. Die Anordnung bezieht sich auf die Königlichen Gebäude im Bereiche der ganzen Monarchie.

Anm. 8. F. M. E. 10. 1. 1906 III 16380.

Zur erstmaligen Beschaffung von Fahnen für Dienstgebäude ist auch fernerhin jedesmal die ministerielle Genehmigung einzuholen.

Anm. 9. Vgl. auch Anm. 2 zu § 15.

§ 8.

Der Inhaber einer Dienstwohnung darf dieselbe oder einen Teil oder ein Zubehör derselben ohne Genehmigung der Aufsichtsbehörde weder abtreten noch vermieten [1]).

Anm. 1. Mit Rücksicht auf § 8 des D. W. R. ist streng darauf zu halten, daß die dem Hauptamte unterstellten Beamten in keinem Falle ohne ausdrückliche Genehmigung des Hauptamts ihre Dienstwohnungen anderen Personen (Badegästen) abtreten oder vermieten, und daß, sofern irgendwelche dienstliche Interessen dagegen sprechen, diese Genehmigung versagt bezw. widerrufen wird.

§ 9.

Aus der Zuweisung einer Dienstwohnung erwirbt der Beamte keinen Anspruch [1]) auf dauernde Belassung derselben, vielmehr hat die Rückgewähr auch dann, wenn letztere bei der Überweisung nicht ausdrücklich vorbehalten ist, auf Verlangen der vorgesetzten Behörde binnen einer von der letzteren zu bestimmenden angemessenen Räumungsfrist, zu erfolgen, ohne daß dem Beamten hierdurch ein Anspruch auf besondere Entschädigung erwächst [2–3]).

Anm. 1. K. O. v. 16. 4. 1841, Zirk.-Verf. v. 12. 6. 1841 I 4794, Z. Bl. S. 134.

Es ist angeordnet worden, daß, wenn Wohnungen in öffentlichen Gebäuden oder andere Emolumente, welche mit der Verwaltung eines Amts nicht notwendig verbunden sind, bei nachgewiesener Entbehrlichkeit unentgeltlich oder gegen eine bestimmte Vergütung Beamten zur Benutzung überwiesen werden, deren Wiederabnahme auch dann in Zukunft jederzeit zulässig sein soll, ohne daß deshalb von den beteiligten Beamten außer dem Erlasse der etwa von ihnen dafür gewährten Vergütung irgend eine Entschädigung in Anspruch genommen werden kann, wenn die Wiederabnahme der Wohnungen pp. bei der Überweisung nicht ausdrücklich vorbehalten worden ist.

Anm. 2. Die Sessions- und Arbeitsstube in Dienstwohnungen muß für den Fall des Absterbens eines Beamten ohne Verzug geräumt werden. Sofern sie aber so gelegen ist, daß sie nicht füglich von der Familienwohnung abgesondert werden kann, soll eine andere Stube zum Arbeitszimmer eingeräumt werden. Die Familie des Verstorbenen aber darf auch für die Dauer der Gnadenmonate in der Dienstwohnung verbleiben. Sollte bei Ablauf des letzten Monats wegen des damit nicht übereintreffenden Mietsquartals das anderweite Unterkommen der Familie auf Schwierigkeiten stoßen, so soll letztere entweder mit dem früher eintretenden Mietquartal die Wohnung räumen und durch den Dienstnachfolger für die Monate entschädigt werden, für welche ihr eigentlich die freie Wohnung noch zukommt, oder die Familie soll bis zum nächstfolgenden Mietquartal darin belassen werden und nur verpflichtet sein, dem Nachfolger im Dienst ein gewöhnliches Absteigequartier für seine Person und einen oder mehrere Domestiken einzuräumen.

Vgl. A. K. O. v. 27. 4. 1816, G. S. S. 134 (Schlußs.).

Anm. 3. In dem Genusse der Dienstwohnung, die von einem der in § 2 (des Ges. v. 7. 3. 1908, betreffend Zahlung der Beamtenbesoldung und des Gnadenvierteljahrs, G. S. S. 35) genannten Beamten bewohnt wird, ist die hinterbliebene Familie nach dem Ablauf des Sterbemonats noch 3 fernere Monate zu belassen. Hinterläßt der Beamte keine Familie, so ist denjenigen, auf welche sein Nachlaß übergeht, eine vom Todestage an zu rechnende dreitägige Frist zur Räumung der Wohnung zu gewähren.

In jedem Falle müssen Arbeits- und Sitzungszimmer sowie sonstige für den amtlichen Gebrauch bestimmte Räumlichkeiten sofort geräumt werden.

Sofern das dienstliche Interesse es ausnahmsweise erfordert, ist die ganze Dienstwohnung auf Anordnung des Verwaltungschefs bereits vor Ablauf der im Abs. 1 und 2 genannten Zeiten gegen Gewährung voller Entschädigung für die Beschaffung eines anderweiten angemessenen Unterkommens zu räumen. Der Betrag der Entschädigung wird von dem Verwaltungschef in Gemeinschaft mit dem Fin.-Min. festgesetzt.

(§ 4 des Ges. v. 7. 3. 1908, G. S. S. 35.) — Der § 2 betrifft die Gewährung des Gnadenvierteljahrs an unmittelbare Staatsbeamte, welche eine etatsmäßige Stelle bekleideten.

§ 10.

Die Übergabe und die Rückgewähr einer Dienstwohnung wird in allen Fällen durch einen von der Aufsichtsbehörde ernannten Kommissar bewirkt, welcher hierbei den neu einziehenden Beamten ausdrücklich zu eröffnen hat, daß für die Überweisung und Benutzung der Dienstwohnung die Bestimmungen dieses Regulativs maßgebend sind[1]).

In der über den Hergang aufzunehmenden von den Beteiligten zu vollziehenden Verhandlung sind alle Mängel, welche sich bei der Besichtigung unter Zugrundelegung des Inventars ergeben, zu verzeichnen[2]).

Gleichzeitig ist anzugeben, ob die für die Abhilfe aufzuwendenden Kosten der Staatskasse oder dem bisherigen Inhaber beziehentlich dessen Erben zur Last fallen. Die Abschätzung der Herstellungskosten hat durch den Kommissar und bei höheren Beträgen durch den zuzuziehenden Techniker zu erfolgen.

Anm. 1. Ausf.-Verf. Nr. 3. Bei der Übergabe der Dienstwohnung ist dem neu einziehenden Beamten die im § 10 des Reg. bezeichnete ausdrückliche Eröffnung zu machen, daß für die Überweisung und Benutzung der Dienstwohnung die Bestimmungen dieses Regulativs maßgebend sind. Daß dies geschehen, ist in der Übergabeverhandlung aufzunehmen.

Anm. 2. F. M. E. v. 26. 8. 1889 III 12804 (I 12186, II 10228). In neuerer Zeit sind bezüglich der Unterhaltung von Dienstwohnungen mehrfach Fälle zur Sprache gekommen, bei denen es sich um Aufwendung von Kosten für die Beseitigung solcher Mängel bezw. Beschädigungen handelte, die auf Vernachlässigung der den Wohnungsinhabern obliegenden Verpflichtungen zurückzuführen waren.

Um für dergleichen Fälle die Ermittelung der Ersatzpflichtigen sicher zu stellen, kommt es hauptsächlich darauf an, daß die im § 3 des Dienstwohnungs-Regulativs rücksichtlich der Aufsicht über die Erfüllung jener Verpflichtungen gegebenen Bestimmungen streng gehandhabt und daß insbesondere gemäß § 10 a. a. O. etwaige bei der Rückgewähr einer Dienstwohnung sich vorfindende Mängel festgestellt werden.

Einer von der Kgl. Oberrechnungskammer gegebenen Anregung entsprechend, wird hierauf noch besonders mit dem Bemerken aufmerksam gemacht, daß in solchen Fällen, in denen die Nichtbeachtung der gedachten Vorschriften Nachteile für die Staatskasse zur Folge hätte, die schuldigen Beamten zum Ersatz angehalten werden würden.

§ 11.

Kommt wegen der Abhilfe solcher Mängel und Schäden, die nicht für Rechnung der Verwaltung zu beseitigen sind, zwischen dem bisherigen Inhaber beziehentlich dessen Erben und dem neu anziehenden Inhaber ein Vergleich zustande, so ist dessen Inhalt in die Verhandlung aufzunehmen. Dasselbe gilt, wenn die Mängel und die erfolgte Abschätzung als richtig anerkannt und die Kosten der erforderlichen Herstellung von dem abziehenden Beamten bezw. dessen Erben übernommen werden. Andernfalls ist der Sach- und Streitstand genau zu verzeichnen und durch den Kommissar der Aufsichtsbehörde zur Entscheidung vorbehaltlich des Rechtsweges vorzulegen.

§ 12.

Der Wohnungsinhaber oder dessen Erben sind verpflichtet, den im gütlichen Wege ermittelten oder von der Aufsichtsbehörde festgestellten Kostenbetrag (§ 11) zur Staatskasse einzuzahlen. Dieselben bleiben außerdem zur Nachzahlung eines demnächst verausgabten, gehörig belegten Mehrkostenbetrages verpflichtet. Ein etwaiger Mehrbetrag der Einzahlung über die wirklich erwachsenen Kosten ist ihnen dagegen zurückzuerstatten.

§ 13.

Können Rückgewähr und Übergabe der Dienstwohnung nicht gleichzeitig vorgenommen werden, so ist dieselbe an einen Beamten oder eine sonst geeignete Person zur Beaufsichtigung und Erhaltung zu übergeben. Hierüber, sowie über die dem Aufseher etwa zu gewährende Entschädigung hat der Kommissar das Nähere in das Protokoll aufzunehmen. Die Übergabe und Rückgewähr der Dienstwohnung ist tunlichst durch denselben Kommissar zu bewirken[1]).

Anm. 1. Urteil des O. V. G. I. Senats v. 22. 11. 1907, I 1502. Der Vorgesetzte verliert die Dienstgewalt über den Beamten mit dem Ablauf der Dienstzeit nicht sofort, wenn der Beamte die ihm obliegende Übergabe der Dienstgeschäfte, Dienstutensilien usw. unterlassen oder nicht ordnungsmäßig ausgeführt hat. Daher können Disziplinarverletzungen, deren sich der Beamte in bezug auf die Übergabe schuldig macht, noch ohne Verzug disziplinarisch geahndet werden, auch wenn der Beamte mit der darin liegenden Versagung der Entlassung nicht einverstanden ist.

§ 14.

Unterhaltungspflicht des Wohnungsinhabers.

Dem Wohnungsinhaber liegen — außer der Fürsorge für die Reinigung[1–4]) und Lüftung — die nachstehenden Leistungen ob:

a) die Erhaltung der Verglasung in den Fenstern, Glastüren, Glaswänden und Oberlichtern, letztere soweit sie nicht als ein Teil des Daches anzusehen sind[5]);

b) das Fegen der Schornsteine[6]) nebst der Reinigung der Heizkörper und ihrer Feuerzüge von Ruß, Asche und Schlacken;

c) die Unterhaltung der Öfen[7]), Kochherde[8]), Bratöfen, Kesselfeuerungen, Koch- und Backapparate bezüglich der durch den fortgesetzten Gebrauch nötig gewordenen Reparaturen, jedoch unter Ausschluß ihrer Erneuerung und ihres Umsetzens (§ 15 litt. b);

d) die Unterhaltung der Beschläge und Schlösser an Türen und Fenstern, sofern das Bedürfnis nur einzelne Teile derselben betrifft, und nicht eine Erneuerung des Gesamtbeschlages oder des ganzen Schlosses erforderlich ist, ingleichen die Unterhaltung vorhandener Glockenzüge oder ähnlicher Vorrichtungen zum Herbeirufen des Gesindes;

e) der Anstrich der inneren Türen und Fenster, der Paneele, hölzernen Verschläge und Wandschränke, soweit einzelne durch den Gebrauch abgenutzte Stellen eine Wiederherstellung der Farbendecke erfordern und das Bedürfnis eines neuen Anstrichs des gesamten Objekts nicht anzuerkennen ist (§ 15 litt. c);

f) das Bohnen und Frottieren der Dielungen und Fußleisten in den durch den Gebrauch und das Erhaltungsbedürfnis bedingten Fristen, sowie kleine Reparaturen des Anstrichs der Fußbodendielung[9];

g) die Unterhaltung der inneren Wände und der Decken in betreff ihrer Tünche, Färbung und Malerei, oder Tapezierung, das hierbei etwa erforderliche Abreiben des Abputzes, sowie die Beseitigung unwesentlicher Verletzungen des Putzes und das Abreiben unrein gewordener Tapetenwände und Decken, insofern es sich nicht um eine Erneuerung der Gesamtflächen handelt[10];

h) die Unterhaltung derjenigen Teile der Wasser- und Gasleitungen, welche mit dem Gebäude nicht in fester Verbindung stehen, sowie die Beschaffung und Unterhaltung der zu diesen Anlagen etwa erforderlichen, unter den Begriff der Mobilien fallenden Gegenstände, wie z. B. der nicht befestigten Wannen, Gartenspritzen, Schläuche, Kronleuchter, tragbaren Lampen und dergleichen[11], ferner die Aufwendung der Kosten für den Verbrauch des durch die Leitungen zugeführten Wassers[12—15] und Gases und die Vorkehrung zum Schutze der Leitungen gegen das Einfrieren;

i) die Wiederherstellung des früheren Zustandes im Falle von Beschädigungen, welche durch Mutwillen oder Fahrlässigkeit des Inhabers, seiner Angehörigen und seines Gesindes veranlaßt sind, nach Maßgabe der Vorschriften des bürgerlichen Rechts;

k) die Übernahme solcher Abgaben und Lasten, welche der Mieter gesetzlich oder ortsüblich zu den Kommunalbedürfnissen [16–20]) zu leisten hat, sowie:

die Übernahme der Einquartierungslast [21]), wenn dieselbe durch die Gemeindebehörden beziehentlich durch Ortsstatut auf die Wohnungsinhaber lediglich nach Maßgabe des entbehrlichen Raumes verteilt ist, mag dieselbe in natura oder in Geld zu leisten sein;

l) die Anschaffung und Unterhaltung von Gegenständen des Luxus, der Neigung oder Bequemlichkeit [22–25]), sowie der Pflanzungen und der Verbesserungen, welche der Inhaber in dem mit der Dienstwohnung etwa verbundenen Garten oder Ackerland bewirkt hat [26–29]), dergestalt, daß der Inhaber hierfür weder eine Entschädigung aus der Staatskasse noch auch die Übernahme jener Gegenstände oder Anlagen seitens des Dienstnachfolgers verlangen darf;

m) die Unterhaltung der zur Dienstwohnung gehörigen Gärten [29]) soweit nicht besondere Festsetzungen getroffen sind.

Bei einem gemeinsamen Gebrauch von Räumen und Anlagen zu mehreren Dienstwohnungen werden die den Wohnungsinhaber treffenden Kosten nach Bestimmung der Aufsichtsbehörde anteilig von jedem Inhaber getragen [30]).

Anm. 1. F. M. E. v. 6. 9. 1894 III 11 999, I 14 585, Z. Bl. S. 459. Die Kosten für die in der Dienstwohnung des Oberzollinspektors bewirkte Reinigung der Fußböden, Türen und Fenster, die durch das Abputzen der Decken und durch das Tapezieren der Wände mit Kalk und Staub beschmutzt sind, sind nicht von der Staatskasse, sondern von dem Wohnungsinhaber zu tragen.

Wenn Ew. pp. die Übernahme der fraglichen Reinigungskosten auf die Staatskasse deshalb für gerechtfertigt halten, weil die Säuberung der Fußböden, Türen und Fenster die Vorbedingung der Erneuerung ihres Anstrichs gebildet hat, so ist zu bemerken, daß es bei

Staatsbauten nicht üblich ist, bei solchen Anstreicherarbeiten ein vorheriges Reinigen der bezüglichen Gegenstände dem Unternehmer besonders zu vergüten.

Für die Folge ist allgemein zu beachten, daß die nach § 14 des Regulativs vom 26. 7. 1880 den Dienstwohnungsinhabern obliegende Fürsorge für die Reinigung und Lüftung der überwiesenen Dienstwohnungen sich auch auf die Reinigung derselben nach Ausführung der staatlicherseits vorgenommenen Unterhaltungs- und Erneuerungsarbeiten erstreckt, Aufwendungen aus Staatsmitteln für diese Zwecke daher unzulässig sind.

Anm. 2. F. M. E. 23. 3. 1907 III 3087, I 4971, Z. Bl. S. 91.

Die zur Beseitigung von Ansteckungsgefahr notwendige Desinfektion einer Dienstwohnung liegt dem Wohnungsinhaber soweit ob, als die Desinfektion sich als eine Reinigung darstellt.

Die entstehenden Kosten dürfen auch dann nicht auf die Staatskasse verrechnet werden, wenn die Desinfektion auf ärztliche oder gesundheitspolizeiliche Anordnung vorgenommen worden ist.

Anm. 3. Eine Übernahme der Reinigungskosten auf die Staatskasse ist auch dann unzulässig, wenn im Falle der Pensionierung eines Dienstwohnungsinhabers dieser schon vor dem Eintritt der Pensionierung die Dienstwohnung verlassen hat, und die Reinigungsarbeiten in die Zeit fallen, während der der ausscheidende Beamte noch Inhaber der mit Dienstwohnung ausgestatteten Stelle ist. Für diesen Fall bleibt der Stelleninhaber, wenngleich er die Dienstwohnung tatsächlich nicht mehr benutzt, doch verpflichtet, die sich für ihn regulativmäßig ergebenden Lasten zu tragen.

Anm. 4. Zufolge Erinnerung der Oberrechnungskammer ist das Vorkommen von Wanzen in einem Teile der Dienstwohnung jedenfalls infolge der fortgesetzten Vernachlässigung der den Wohnungsinhabern regulativmäßig obliegenden Verpflichtung zum Reinhalten der Wohnung entstanden. Die Kosten für Beseitigung des Ungeziefers auf die Staatskasse zu übernehmen, liegt sonach keine Veranlassung vor und ist der aufgewendete Betrag zu ersetzen, zumal da das Vorhandensein von Ungeziefer in der Mädchenkammer bei Übernahme der Wohnung nicht gerügt bezw. festgestellt worden ist.

Anm. 5. Vgl. auch Anm. 30 zu § 15.

Anm. 6. In denjenigen Fällen, in denen Beamte Dienstwohnungen in solchen der Verwaltung gehörenden Gebäuden innehaben, die zur Unterbringung der Bureaulokale dienen, sind die gezahlten Schornsteinfegerkosten in ihrem

Gesamtbetrage von dem Schornsteinfegermeister in eine Rechnung aufzunehmen und die von dem betreffenden Beamten zu tragenden Anteile in der Jahresrechnung vor der Linie anzugeben.

Anm. 7. Die Kosten für die Erneuerung der Chamotteausfütterung in den Öfen der Dienstwohnungen werden, sofern diese Herstellungen nicht durch fahrlässigen Gebrauch notwendig geworden sind, von der Staatskasse getragen.

Anm. 8. F. M. E. v. 13. 5. 1884 III 5745, I 6337.

Die Erneuerung der zu den Kochplatten der Feuerherde gehörigen eisernen Ringe, insoweit nicht zugleich eine Erneuerung der bezeichneten Platten erforderlich wird, in Dienstwohnungen, ist dem Wohnungsinhaber zur Last zu legen.

Anm. 9. Die Kgl. Oberrechnungskammer hat in einem Spezialfalle entschieden, daß der Wechsel in der Person eines Dienstwohnungsinhabers an sich keine Veranlassung bietet, bei der Anordnung von Maler- und Tapezierarbeiten usw. von einer angemessenen Abnutzungsfrist abzusehen.

Wenn ferner in einem Zimmer einer Dienstwohnung, weil dasselbe als Durchgangszimmer dient, der Dielenanstrich (normale Abnutzungsfrist 5 Jahre) besonderer Abnutzung ausgesetzt sei, so soll darauf gehalten werden, daß der Wohnungsinhaber gemäß § 14 f. D. W. R. kleine Schäden des Anstrichs rechtzeitig auf eigene Kosten beseitigt.

Diese Vorschrift ist bei den Anträgen auf Vornahme von Instandsetzungen, sowie bei selbständiger Anweisung der Ausführung von Bauarbeitern seitens der Hauptamtsleiter zu beachten.

Anm. 10. Die Kosten der Tapezierung, der Erneuerung des Anstrichs der Wände, Decken, Türen, Fenster usw. treffen die Staatskasse, sofern es sich um eine Erneuerung der Gesamtflächen handelt.

Zunächst ist das Bedürfnis festzustellen und zu ermitteln, ob eine den besonderen Verhältnissen entsprechende Abnutzungszeit vergangen ist und ob nicht Mutwillen oder Fahrlässigkeit des Inhabers, seiner Angehörigen oder seines Gesindes die Schäden verursacht haben, da in diesem Falle die Vorschrift des § 14 i Anwendung zu finden hätte.

Anm. 11. F. M. E. v. 3. 8. 1896 III 10 828, II 10 440, I 12 700 (Min. d. ö. Arb. III 28 050, IV b B 7349).

Ein Spezialfall gibt Veranlassung, darauf hinzuweisen, daß die Inhaber derjenigen Dienstwohnungen, in denen Gasglühlichtbeleuchtung eingeführt worden ist, die Ausgaben für die Instandhaltung dieser Einrichtung, insbesondere auch für die Erneuerung der Glühkörper aus eigenen Mitteln zu bestreiten haben. Die Glühlichtapparate werden mit dem Gebäude nicht in dauernde Verbindung gebracht und gehören als bewegliche Teile der Gasleitung zu den unter den Begriff der Mobilien fallenden Beleuchtungsgegenständen, die nach § 14 Abs. h des D. W. R. von den Wohnungsinhabern zu unterhalten sind. Letztere werden übrigens für die Übernahme der fraglichen Kosten durch die nicht unwesentliche Ersparnis an dem Gasverbrauche entschädigt.

Anm. 12. F. M. E. v. 25. 3. 1896 III 3960, Z. Bl. S. 242.

Nach der Verf. des Min. der öffentl. Arb. v. 13. 11. 1892 (abgedruckt im Ministerialblatt für die gesamte innere Verwaltung 1893 S. 1), wonach die Verpflichtung der Wohnungsinhaber zur Bestreitung der Kosten für den Verbrauch des Leitungswassers sich auf die innerhalb der Dienstwohnungen befindlichen Leitungen beschränkt, ist auch im Bereiche der Zollverwaltung zu verfahren.

Anm. 13. In einem Sonderfall ist entschieden worden, daß auch dann die Kosten des für den Verbrauch des durch die Leitungen zugeführten Wassers von dem Wohnungsinhaber zu tragen sind, wenn die Leitung außerhalb der Dienstwohnung auf dem Hofe mündet. Vielfach ist beispielsweise ein Zweig der Wasserleitung nach außen geleitet, um vom Garten aus Wasser leicht aus der Leitung entnehmen zu können.

Anm. 14. Min. d. öff. A. v. 1. 4. 1908 IV K 9. 421, III B 2. 529, F. M. III 2462.

1. Die Inhaber von Dienstwohnungen, mit denen ein Dienstgarten verbunden ist, haben für den Verbrauch des zum Besprengen der Gartenanlagen aus Leitungen entnommenen Wassers nur dann eine besondere Vergütung zu entrichten, wenn sich eine Zapfstelle der Wasserleitung im Garten selbst befindet. In allen anderen Fällen, insbesondere auch, wenn die außerhalb des Gartens belegene Zapfstelle den Hausbrunnen ersetzt, ist von der Erhebung einer Vergütung abzusehen.

2. Wird die innerhalb eines Dienstgartens gelegene Zapfstelle der Wasserleitung von mehreren Inhabern gemeinsam benutzt, so sind die Kosten des Wasserverbrauchs nach der Größe der einzelnen Dienstgärten von deren Inhabern gemeinschaftlich zu tragen.

3. Von der Anbringung von Wassermessern für die Zapfstellen innerhalb der Gärten ist überall abzusehen. Der Wasserverbrauch ist vielmehr nach der Größe der Gärten in der Weise zu ermitteln, daß auf eine Gartenfläche von 1 ar Größe ein durchschnittlicher Jahresverbrauch von 12 cbm anzunehmen ist. Nach dem hiernach sich er-

gebenden Wasserverbrauch und der zur Erhebung kommenden Gebühr für 1 cbm Wasser ist die Jahresvergütung ein für allemal zu pauschalieren. Ergibt sich hierbei ein höherer Jahresbetrag, als 4 Mark für Unterbeamte, 8 Mark für mittlere Beamte, so kommen nur diese Höchstsätze zur Anwendung.

Anm. 14a. Die Festsetzung der Entschädigungen, welche die Inhaber von Dienstwohnungen in Gebäuden, die zugleich Amtsräume enthalten, für Wasserverbrauch und Zentralheizung zu entrichten haben, ist bisher in den einzelnen Verwaltungen nach verschiedenen Gesichtspunkten erfolgt. Um künftig in dieser Beziehung für alle Verwaltungen einheitliche Grundsätze zu schaffen, bestimmen wir hiermit das Folgende:

I. Falls nach dem Ortsgebrauche für die einzelnen Wohnungen feste Beträge, z. B. nach Maßgabe der Grundfläche des bewohnbaren Raumes, des Mietwerts der Wohnung usw. erhoben werden, sind diese auch von den Dienstwohnungsinhabern zu entrichten.

II. Besteht ein solcher Ortsgebrauch nicht, so ist, soweit tunlich, der tatsächliche Verbrauch des Wohnungsinhabers durch besondere Meßvorrichtungen festzustellen und hiernach der Beitrag auf Grund der bestehenden Gebührensätze zu berechnen.

III. In Fällen, in denen auch auf diese Weise die Kostenbeiträge nicht zu ermitteln sind, sei es, daß die Aufstellung besonderer Meßvorrichtungen nicht tunlich ist oder Gebührensätze nicht bestehen, wie z. B. bei Lieferungen aus staatseigenen Anlagen, ist nach folgenden Grundsätzen zu verfahren:

A. Kostenbeitrag für Wasserentnahme aus Wasserleitungen.

1. Der Wohnungsinhaber hat eine feste Jahresgebühr zu zahlen, die nach der Zahl der Zimmer der Dienstwohnungen verschieden ist und auf Grund der gemachten Erfahrungen bei allen Beamten mit Ausnahme der Unterbeamten auf 3 Mark, bei den Unterbeamten auf 2 Mark für jeden bewohnbaren Raum im allgemeinen festgesetzt wird. Dabei werden solche Räume bis zu 12 qm Grundfläche nur mit der Hälfte des Einheitssatzes gerechnet, Flure, Gänge, Treppen und Nebengelasse, als Küchen, Waschküchen, Keller und Bodenräume, Aborte, Räume für die Bedienung, Speisekammern, Baderäume, Besengelasse aber ganz außer Ansatz gelassen.

Für nicht trinkbares Wasser ist nur die Hälfte zu erheben.

2. In Fällen, in welchen die Durchführung der Bestimmungen zu 1 den tatsächlichen Verhältnissen offenbar nicht gerecht würde, ist von der Aufsichtsbehörde der mutmaßliche Jahresverbrauch auf Grund einer

angemessenen Probeermittlung festzustellen, und hiernach ein fester Beitrag auf Grund des örtlichen Gebührensatzes für Wasserentnahme oder, soweit das Wasser aus staatseigenen Anlagen entnommen wird, nach den Betriebskosten unter Berücksichtigung der Verzinsung und Tilgung des Anlagekapitals zu erheben.

Wegen der Entrichtung von Vergütungen für das zum Besprengen der Dienstgärten aus Leitungen entnommene Wasser wird auf den Runderlaß vom 1. April 1908 verwiesen. (Vgl. Anm. 14 auf Seite 29.)

3. Bei unwirtschaftlichem Wasserverbrauche kann die Vergütung auch nachträglich entsprechend erhöht werden.

4. Hinsichtlich der Nutznießer von Gebäuden und Gehöften der Staatsforstverwaltung ergeht besondere Verfügung des Herrn Ministers für Landwirtschaft, Domänen und Forsten.

B. Kostenbeitrag für Zentralheizung.

1. Der Wohnungsinhaber hat eine feste Jahresgebühr zu entrichten, die nach der Zahl der heizbaren Zimmer der Dienstwohnungen verschieden ist und auf Grund der gemachten Erfahrungen im allgemeinen:

a) für Unterbeamte auf . . 24 Mark,
b) für mittlere Beamte auf 32 „
c) für höhere Beamte auf . 40 „

für ein Zimmer festgesetzt wird und für die Hälfte der Zimmer zu entrichten ist.

Bezüglich der Räume bis zu 12 qm Grundfläche, der Flure, Treppen und Nebengelasse gelten die Bestimmungen unter A 1.

2. In Fällen, in denen die Durchführung der vorstehenden Bestimmung den tatsächlichen Verhältnissen offenbar nicht gerecht würde, ist der mutmaßliche Jahresverbrauch des Wohnungsinhabers auf Grund einer angemessenen Probeermittelung zu errechnen und hiernach ein fester Beitrag nach den Betriebskosten ohne Berücksichtigung der Verzinsung und Tilgung des Anlagekapitals von dem Ressortchef festzustellen.

3. Die verordnungsmäßige Gebühr der Unterbeamten für Entnahme des Feuerungsmaterials aus amtlichen Beständen begreift den Kostenbeitrag für Zentralheizung in sich.

IV. Diese Bestimmungen treten mit Wirkung vom 1. April 1909 in Kraft. Sie kommen auch bei den Beamten zur Anwendung, welche sich bereits im Genuß einer Dienstwohnung befinden.

(F. M. E. v. 25. 1. 1909 I 18402, III 1866, Z. Bl. 1909 S. 148/49.)

Anm. 14 b. F. M. E. v. 5. 7. 1909 III 10311, II 7221, I 8235.

Von dem Min. d. öff. Arb. ist unterm 29. 4. d. Js. eine neue Anweisung von Zentralheizungs- und Lüftungsanlagen erlassen worden, die im § 6 Abschn. b im wesentlichen dieselben

Bestimmungen für die Überwachung durch die nutznießenden Behörden enthält, wie sie vom Fin. Min. unterm 5. 6. 1901 (I 4552, II 5269, III 6915) den nachgeordneten Behörden und Beamten mitgeteilt worden sind.

Damit die Wirkung der Heizungs- und Lüftungsanlagen mit Sicherheit beurteilt werden kann, wird darin vorgeschrieben, daß die nutznießende Behörde künftig selbständig, also ohne Anweisung des zuständigen Ministers, durch ihre Beamten während der Gewährleistungszeit wöchentlich einmal vor Beginn der Dienststunden die Temperatur in allen von der Zentralheizung erwärmten Räumen und die äußere Temperatur in Celsiusgraden messen und das Ergebnis in eine Liste nach dem vorgeschriebenen Muster G eintragen läßt. Hierauf ist künftig eintretendenfalls zu achten.

Druckexemplare der neuen Anweisung können von der Verlagsbuchhandlung Wilhelm Ernst & Sohn in Berlin W 66, Wilhelmstr. Nr. 90, zu dem für Behörden auf 1,50 Mark für das Stück ermäßigten Preise (ausschl. Übersendungskosten und Porto für Einsendung des Geldbetrages) bezogen werden, während der Preis im Buchhandel 2,50 Mark beträgt. (Vgl. auch Anm. 16 zu § 15.)

Anm. 15. F. M. E. v. 15. 3. 1909 III 3907.

Da die Oberzollinspektoren hinsichtlich der Bemessung des Wohnungsgeldzuschusses zu den höheren Beamten zu rechnen und dementsprechend auch ihre Dienstwohnungen eingerichtet sind, so sind sie auch im Sinne der Bestimmungen über die Festsetzung der von Dienstwohnungsinhabern für Wasserverbrauch und Zentralheizung zu entrichtenden Entschädigung als höhere Beamte zu behandeln.

Anm. 16. F. M. E. v. 16. 5. 1906 III 139.

In Ergänzung der durch F. M. E. v. 13. 11. 1894 III 14 446 für die Verwaltung der indirekten Steuern erlassenen Vorschriften wegen der Heranziehung der Mieter oder Pächter fiskalischer Grundstücke zur anteiligen Erstattung der darauf ruhenden Gemeindeabgaben ist bestimmt worden, daß in allen Fällen, in denen der Gemeindebesteuerung des Grundbesitzes unterliegende staatliche Grundstücke oder Grundstücksteile an Staatsbeamte gegen Entgelt miet- oder pachtweise zur Benutzung überlassen werden, von den Mietern oder Pächtern als Ersatz für die aus der Staatskasse zu zahlenden, auf den Grundstücken ruhenden Lasten und Abgaben ein fester jährlicher Lastenbeitrag von 10 Pfennig für jede volle 3 Mark des Jahres Miet- oder Pachtzins zu übernehmen und mit diesem Zinse an die Kasse einzuzahlen ist.

Zurzeit bestehende abweichende vertragsmäßige Festsetzungen werden bis zum Ablaufe des Vertragsverhältnisses hiervon nicht berührt.

Anm. 17. F. M. E. v. 6. 6. 1901 III 6083, I 8037, Z. Bl. S. 165.

Das Reinigen der Straße (Bürgersteig, Rinnstein, Fahrdamm) ist fortan nicht mehr auf Grund des § 14 des Dienstwohnungs-Reg. den Dienstwohnungsinhabern aufzuerlegen. Insoweit durch ortspolizeiliche Vorschrift oder durch Ortsgebrauch die Reinigung der Straße oder der Ersatz der Reinigungskosten oder die Entrichtung einer Abgabe für die Straßenreinigung nicht den Hauseigentümern, sondern den Wohnungsinhabern als solchen auferlegt ist oder wird, sind auch die Dienstwohnungsinhaber dieser öffentlichen Pflicht nicht enthoben.

Anm. 18. F. M. E. 28. 5. 1880 III 7792.

Waterklosets. Die Spülung der Waterklosets ist ein Akt der Reinhaltung der Dienstwohnung, die dem Inhaber obliegt. Da nun das dem Gebrauch des Dienstwohnungsinhabers dienende Wasser, welches aus einer Leitung herrührt, von jenem zu bezahlen ist, so sind auch die Kosten für das der Leitung entnommene Wasser nach Einrichtung des Waterklosets von dem Dienstwohnungsinhaber allein zu tragen.

Anm. 19. F. M. E. v. 7. 6. 1900 III 5984, I 7381, Z. Bl. S. 293.

Gebühren für die Benutzung der öffentlichen Entwässerungsanlagen an nur zu abgabepflichtigen Dienstwohnungen benutzten staatlichen Gebäuden sind den Wohnungsinhabern aufzulegen.

Werden die an staatlichen Gebäuden vorhandenen öffentlichen Entwässerungsanlagen gemeinsam zu Geschäftszwecken und von Dienstwohnungsinhabern benutzt, so kommt die Bestimmung im § 16 Ziff. 1 des Reg. zur sinngemäßen Anwendung.

Anm. 20. F. M. E. v. 1. 4. 1908 III 2462, II 1062, I 355; Min. d. ö. A. IV K 9. 421, III B 2. 529; Min. d. J. Ia 3439.

Die Fragen, inwieweit für das zum Besprengen der Dienstgärten aus Leitungen entnommene Wasser seitens der betr. Dienstwohnungsinhaber eine Vergütung zu entrichten sei, ist bisher bei den einzelnen Verwaltungen nicht gleichmäßig behandelt worden. Zur Herbeiführung eines einheitlichen Verfahrens für alle Ressorts wird daher bestimmt:

1. Die Inhaber von Dienstwohnungen, mit denen ein Dienstgarten verbunden ist, haben für den Verbrauch des zum Besprengen der Gartenanlagen aus Leitungen entnommenen Wassers nur dann eine besondere Vergütung zu entrichten, wenn sich eine Zapfstelle der Wasserleitung im Garten selbst befindet. In allen anderen Fällen, insbesondere auch, wenn die außerhalb des Gartens gelegene Zapfstelle den Hausbrunnen ersetzt, ist von der Erhebung einer Vergütung abzusehen.

2. Wird die innerhalb eines Dienstgartens gelegene Zapfstelle der Wasserleitung von mehreren Inhabern von Hausgärten gemeinsam

benutzt, so sind die Kosten des Wasserverbrauchs nach der Größe der einzelnen Dienstgärten von deren Inhabern gemeinschaftlich zu tragen.

3. Von der Anbringung von Wassermessern für die Zapfstellen innerhalb der Gärten ist überall abzusehen. Der Wasserverbrauch ist vielmehr nach der Größe der Gärten in der Weise zu ermitteln, daß auf eine Gartenfläche von 1 ar Größe ein durchschnittlicher Jahresverbrauch von 12 cbm anzunehmen ist. Nach dem hiernach sich ergebenden Wasserverbrauch und der zur Erhebung kommenden Gebühr für 1 cbm Wasser ist die Jahresvergütung ein für allemal zu pauschalieren. Ergibt sich hierbei ein höherer Jahresbetrag als 4 Mark für Unterbeamte, 8 Mark für mittlere Beamte und 12 Mark für höhere Beamte, so kommen nur diese Höchstsätze zur Erhebung.

Abweichungen von dieser Regelung bedürfen in jedem Falle der Genehmigung des betr. Ressortchefs.

Anm. 21. F. M. E. 6. 8. 1875 III 10172, Z. Bl. S. 185.

Die Frage, ob Dienstwohnungen, welche sich in Dienstgebäuden, deren übrige Räumlichkeiten zu einem öffentlichen Gebrauche bestimmt sind, dessen ungeachtet zur Einquartierungslast herangezogen werden dürfen, ist schon früher bejahend entschieden worden. Bei dieser Entscheidung ist maßgebend gewesen, daß, wie aus den bezüglichen Verhandlungen des Reichstages hervorgeht, bei der Fassung des § 4 Nr. 3 des Ges. v. 25. 6. 1868, betr. die Quartierleistung pp., B. G. Bl. S. 523, beabsichtigt gewesen ist, bei denjenigen der in Rede stehenden Gebäude, bei denen der öffentliche Gebrauch überwiegend ist, die zum Privatgebrauche bestimmten Räume einquartierungspflichtig zu machen und daß die von den Beamten benutzten Wohnungen zu diesen Räumen gerechnet werden müssen.

Anm. 22. Vgl. auch Anm. 14 zu § 15.

Anm. 23. Zirk.-Verf. v. 5. 3. 1868 III 4860, Nr. 19.

Fässer zum Auffangen von Regenwasser, sowie Wandschränke sind bei den Dienstwohnungen zu den Gegenständen der Bequemlichkeit des Wohnungsinhabers zu rechnen, und daher von diesem zu beschaffen.

Anm. 24. F. M. E. v. 13. 7. 1879 III 8050.

Wäschemangeln (Rollen) gehören nicht zu den Inventarienstücken der Ämter, sondern zu den Wirtschaftsgeräten, die grundsätzlich von den Nutznießern anzuschaffen sind und deren Kosten nur ausnahmsweise mit Genehmigung des Fin. Min. auf die Staatskasse übernommen werden dürfen. Das Gleiche gilt, wenn es sich um die Erneuerung eines solchen Geräts handelt.

Anm. 25. F. M. E. v. 28. 5. 1880 III 7659, Ziff. 2, Z. Bl. S. 426.

Pfähle zum Wäschetrocknen dürfen ausnahmsweise bei isoliert gelegenen Wohnungen auf Staatskosten beschafft werden, wenn nicht in anderer billigerer Weise für eine geeignete Vorrichtung zum Anbinden der Zugleinen (z. B. durch Befestigung von Haken an den Gebäudeteilen) gesorgt werden kann.

Anm. 26. F. M. E. 23. 2. 1903 III 2258, Z. Bl. S. 90.

Die Beschaffung von Obstbäumen auf Staatskosten für die als Zubehör von neuerbauten fiskalischen Dienstwohnungen zu behandelnden Gärten ist in einzelnen Fällen vom Fin. Min. nachträglich genehmigt worden. Dagegen ist dem weitergehenden Antrage, künftig allgemein bei Neuerbauung staatseigener Beamtenwohnungen die Genehmigung zur Bepflanzung der Dienstgärten mit Obstbäumen den Präsidenten der Oberzolldirektionen zu überlassen, nicht entsprochen worden, vorausgesetzt, daß es sich um Gärten zu Dienstwohnungen ohne Repräsentation handelt. Die Genehmigung zur Neueinrichtung von Hausgärten und zur Erweiterung bestehender hat sich der Fin. Min. für jeden einzelnen Fall vorbehalten. Die Genehmigung soll als erteilt angesehen werden, sobald die Kosten für die Einrichtung eines Dienstgartens in einem in der Ministerialinstanz nachgeprüften Kostenanschlage besonders vorgesehen und nicht beanstandet sind. (S. auch Nachtrag am Schlusse.)

Anm. 27. Bei der Anmietung von Dienstwohnungen bewilligt der Fin.-Min. bis zu 12—13 ar Gartenland für jeden Aufseher. Sollten indes Gründe vorliegen, die eine solche Fläche als zu groß erscheinen lassen, so werden kleinere Flächen (etwa 6—7 ar) als genügend angesehen.

Anm. 28. F. M. E. v. 5. 7. 1907 III 7463. Auszugsweise Abschrift aus der Verfügung des Provinzialsteuerdirektors in Breslau v. 26. 3. 1907 C Nr. 831.

Bei der Nutzung des Acker- und Gartenlandes, welches den Beamten als Zubehör der Dienstwohnungen überwiesen ist, wird häufig unwirtschaftlich verfahren. In der Regel werden — insbesondere von Grenzaufsehern — Jahr für Jahr nur Kartoffeln gebaut; ein Fruchtwechsel findet nicht statt; auch die Düngung ist nicht überall hinreichend und zweckmäßig.

Eine derartige Nutzung schädigt die Beamten sowie die Verwaltung. Durch ständigen Anbau derselben Frucht auf derselben Fläche wird der Boden allmählich entwertet und seine Ertragsfähigkeit schließlich derart vermindert, daß auch stärkere Düngung nicht mehr hilft. Andrerseits kann selbst ein geringwertiger, sandreicher Boden durch zweckentsprechende Düngung und geeigneten Fruchtwechsel gebessert und in seiner Ertragsfähigkeit wesentlich gehoben werden.

Es muß daher im allseitigen Interesse darauf gehalten werden, daß auf den Dienstländereien ein geeigneter Fruchtwechsel, verbunden mit zweckmäßiger Düngung, stattfindet.

In der Anlage werden einige, auf Erfahrung und fachmännischem Urteil beruhende Maßregeln dargestellt, die für eine zweckentsprechende Bewirtschaftung der Dienstländereien besonders zu empfehlen sind. Bestimmte, ins einzelne gehende Vorschriften, die für alle Fälle zutreffen und überall angewandt werden können, lassen sich nicht aufstellen. Solche sind auch nicht beabsichtigt, damit die Beamten nicht zu sehr in ihrer Selbständigkeit eingeschränkt werden und deshalb die Freude an der Pflege des Landes verlieren. Der Inhalt der Anlagen soll belehrend und anregend auf die Inhaber von Gartenland und auf deren Vorgesetzte wirken. Im übrigen ist es in der Hauptsache auch fernerhin dem verständigen und pflichtmäßigen Ermessen jedes einzelnen Beamten zu überlassen, daß er für die einzuhaltende Fruchtfolge, Düngung usw. denjenigen Weg wählt, der nach den örtlichen Verhältnissen (Größe des überwiesenen Landstückes, Bodenbeschaffenheit, Höhenlage, Klima usw.) und nach dem persönlichen Bedürfnisse (Anforderungen des Haushalts, gegebenenfalls der Vieh-, Pferd- oder Geflügelhaltung usw.) als der zweckmäßigste erscheint. —

Das Verfahren zu A I der Anlage wird von einem Grenzaufseher in Arnoldsdorf (Hauptamtsbezirk Neustadt O.-S.) seit längerer Zeit mit sehr gutem Erfolge durchgeführt. Das Verfahren zu A II der Anlage wird von dem Leiter des pomologischen Instituts in Proskau namentlich für solche Ackerflächen empfohlen, die nur klein und für Getreidebau weniger geeignet sind.

Bei Übergabe der mit Gärten ausgestatteten Dienstwohnungen ist auf die Verpflichtung zum Fruchtwechsel und zur zweckmäßigen Bewirtschaftung des Landes ausdrücklich hinzuweisen, und daß dies geschehen, in der Übergabeverhandlung besonders zum Ausdruck zu bringen. usw.

Die wirtschaftliche Nutzung der Dienstländereien.

A. Der Fruchtwechsel.

Verfahren I.

Das als Zubehör der Dienstwohnung überwiesene Stück Acker- und Gartenland wird in vier Felder A, B, C, D eingeteilt.

Feld A wird im Herbst rigolt (umgegraben oder umgepflügt) und mit frischem Rindviehdünger versehen. Der Dünger wird bis 15 cm Tiefe untergegraben. Im Winter — am besten, wenn Schnee gefallen ist — erfolgt ein Überguß mit Kloake (Latrinendünger). Hierauf wird im Frühjahr das Land tief umgegraben und mit Gemüse bestellt.

Feld B erhält im Herbst eine Kompostdüngung, die durch Umgraben des Bodens in die Erde gebracht wird. Im Frühjahr wird das Feld mit Kartoffeln besetzt, und zwar werden die Kartoffeln bei gleichzeitiger nochmaliger Düngung mit Kompost oder Stalldünger (am besten gemischter Rindvieh- und Schweine- oder Pferdedung) eingegraben oder eingepflügt.

Feld C, das zuletzt mit Gemüse bebaut war, wird im Herbst mit Kompost oder Stalldünger leicht umgegraben und im Frühjahr — ohne nochmalige Düngung — tief umgegraben und mit einer Getreideart, für deren Anbau sich der Boden eignet (meist Hafer oder Gerste), besät.

Feld D, das zuletzt mit Kartoffeln bestellt war, wird genau wie Feld C bearbeitet und mit einer anderen Getreideart bebaut.

Der Fruchtwechsel ist demnach folgender:

	Feld A.	Feld B.	Feld C.	Feld D.
Im 1. Jahre:	Gemüse,	Kartoffeln,	Getreide, (z. B. Gerste)	Getreide, (z. B. Hafer)
Im 2. Jahre:	Getreide, (z. B. Gerste)	Getreide, (z. B. Hafer)	Gemüse,	Kartoffeln,
Im 3. Jahre:	Kartoffeln,	Gemüse,	Getreide, (z. B. Hafer)	Getreide, (z. B. Gerste)
Im 4. Jahre:	Getreide, (z. B. Hafer)	Getreide, (z. B. Gerste)	Kartoffeln,	Gemüse,
Im 5. Jahre:	wie im 1. Jahre u. s. f.			

An Stelle des Anbaus von Getreide empfiehlt sich zur Abwechselung auch der Anbau von Grünfutter (Klee, Wicken und dergleichen) oder von Felderbsen.

Verfahren II.

Das Land wird ebenfalls in vier Felder, A, B, C, D, geteilt. Die Bestellung erfolgt indes unter Abstandnahme vom Getreidebau in folgender Weise:

	Feld A.	Feld B.	Feld C.
Im 1. Jahre:	Gemüse,	Kartoffeln,	Wurzelgemüse, Bohnen oder Erbsen,
Im 2. Jahre:	Kartoffeln,	Wurzelgemüse, Bohnen oder Erbsen,	Gemüse,
Im 3. Jahre:	Wurzelgemüse, Bohnen oder Erbsen,	Gemüse,	Kartoffeln,
Im 4. Jahre:	wie im 1. Jahre u. s. f.		

Dabei müssen die für Gemüse und Kartoffeln bestimmten Felder jedesmal stark gedüngt werden, während dies bei dem mit Wurzelgemüse zu besetzenden Felde nicht in gleichem Maße erforderlich ist.

Das Feld D wird zur Anpflanzung von ausdauernden Gewächsen (Beerensträuchern, Erdbeeren, Rhabarber, Spargel usw.) verwendet.

B. Besondere Ratschläge für die Düngung.

Die Düngung muß, wenn sie wirksam sein und dem Boden zugute kommen soll, im Herbst nach der Ernte erfolgen. Den Winter über wird der Boden zur Verarbeitung des Düngers sich selbst überlassen.

Wo Kartoffeln gebaut werden, muß im Frühjahr nochmals gedüngt werden. Dasselbe ist auch für die meisten Gemüsearten, wie Erbsen, Bohnen, Suppenkräuter usw. von Vorteil.

Zu verwenden ist hauptsächlich Stalldünger, namentlich Rindvieh- und Schweinedung. Pferdedünger ist für manche Bodenarten zu trocken. Außerdem kann der Latrineninhalt zu Hilfe genommen werden, doch muß möglichst jedes zweite Jahr eine Stallmistdüngung erfolgen.

Daneben — namentlich da, wo kein Vieh gehalten wird, und Stalldung schwer zu beschaffen ist — empfiehlt sich die Anlegung eines Komposthaufens. Diese geschieht derart, daß auf einer dazu bestimmten Stelle des Gartens oder Ackers alle für diesen Zweck entbehrlichen Abgänge des Haushalts — (Kartoffelschalen, Gemüseabfälle, Speisereste, Spülwasser usw.) mit den zur Verfügung stehenden Gartenabfällen (Kraut, Gras, trockene Blumen, abgefallenes Laub usw.) sowie mit der Asche aus den Öfen auf einen Haufen geschüttet, hin und wieder mit Dung übergossen und im übrigen sich selbst überlassen werden. Auf diese Weise gewinnt man für Herbst und Frühjahr einen ansehnlichen Vorrat kräftigen Düngers, der für jeden Boden vorteilhaft ist.

Für einen nutzbringenden Gemüsebau ist Stalldünger unentbehrlich. Bei nur spärlicher Verwendung von Stalldung muß bei allen Gemüsearten, welche stark in die Blätter treiben (Salat, Kohl, Sellerie usw.), Stickstoff dem Boden zugeführt werden, und zwar in der geeignetsten Form als schwefelsaurer Ammoniak. Beim Anbau von Spargel kann bei spärlichem Stallmist durch Chilisalpeter nachgeholfen werden. Für den Kartoffelbau ist, falls Stalldünger nicht hinreichend zur Verfügung steht, bei leichtem Boden eine Düngung mit Kainit empfehlenswert. Für Hülsenfrüchte, Beerenobst und Obstbäume kann dagegen eine mäßige Düngung mit Thomasmehl in den meisten Fällen empfohlen werden.

Über die Mengen des hiernach zu verwendenden künstlichen Düngers gibt die anliegende, von sachverständiger Seite entworfene Zusammenstellung Auskunft. Die darin empfohlene künstliche Düngung soll nur bei schwacher Stallmistdüngung Platz greifen. Wenn Stallmist ganz fehlt, wird selbst die doppelte künstliche Düngung auf die Dauer keinen Nutzen bringen. Bei schwerem Tonboden ist die Düngung mit Kali nutzlos.

C. Die Behandlung der Obstbäume.

Zur Obstbaumpflege gehört: Regelmäßige Düngung, vorsichtiges Abraupen, Bestreichen der Bäume mit Kalkmilch und zweckentsprechendes Beschneiden.

Die Düngung erfolgt durch Aufgraben des Bodens bis zum Umkreise der Baumkrone und Einwerfen von Stalldünger oder Kloake in die Erde. Auch durch häufige Kalkdüngung sind gute Erfolge erzielt worden. Der gelöschte Kalk wird zu diesem Zwecke staubfrei rings um den Baum eingegraben oder untergehackt.

Bei Äpfel- und Pflaumenbäumen, deren Baumwurzeln häufig weit über die Baumtraufe hinausgehen, empfiehlt es sich, das Umgraben des Bodens noch 1 bis 2 Meter über die Baumtraufe hinaus vorzunehmen.

Eine Düngung und Umgrabung in der nächsten Umgebung des Stammes ist überall zwecklos.

In trockenen Jahren und bei trockenem Boden ist eine zeitweise Bewässerung der Bäume dringend anzuraten.

Gemüseart	Düngermenge für 100 qm berechnet.			
	Kalidüngesalz 40 v. H.	Superphosphat	Chilisalpeter	Bemerkungen
	kg	kg	kg	
1. Weißkraut, Wirsing, Blumenkohl, Rosenkohl, Kohlrabi	4	5	5,33	2. Düngung im Juli-August 6 kg Chilisalpeter
2. Kopfsalat	1	3	3,33	bei Salat, der eine kurze Vegetationszeit hat
3. Karotten, Möhren, Rettig, Rüben	2	3	5,33	
4. Erbsen, Bohnen	2	3	2	
5. Kartoffeln	ca. 3	3		
6. Spargel	1	1,5	2,6	2. Düngung nach dem Stechen 4 kg Chilisalpeter

Anm. 29. Sind die Grundstücke von lebenden Hecken umgeben, so ist für die Entfernung des Unkrauts zu sorgen.

Anm. 30. F. M. E. 14. 4. 1881 III 4594.

Der letzte Absatz bezieht sich auf sämtliche unter a bis m bezeichneten Kosten.

§ 15.

Unterhaltung durch den Staat.

Soweit die Kosten der Unterhaltung[1]) von Dienstwohnungen nicht dem Inhaber auferlegt sind, fallen dieselben der Staatskasse zur Last[2–4]), insbesondere treffen die letztere:

a) die Herstellung aller Schäden, welche von Naturereignissen, Gewittern, Orkanen, Hagelschlag, Erdbeben usw. angerichtet werden[5–7]);

b) die notwendige Erneuerung von Hauptbestandteilen der Feuerungen und Heizungen, namentlich von Heiztüren, Rauchröhren, Kochplatten, Kacheln und metallenen Muffeln oder Einsätzen der Bratöfen[8–18]), insofern die Notwendigkeit der Erneuerung nicht durch fahrlässigen Gebrauch veranlaßt ist (§ 14 litt. c);

c) die Unterhaltung und Erneuerung von plastischen Ausstattungen, sowie des Anstrichs der äußeren Türen, Doppeltüren, Tore, Fenster, Doppelfenster, Fensterbretter und inneren und äußeren Fensterläden auf beiden Seiten, desgleichen der Anstrich der inneren Türen und Fenster, der Paneele, hölzernen Verschläge und Wandschränke, wenn das Bedürfnis sich nicht auf einzelne schadhafte Stellen beschränkt[19–29]), endlich das Verkitten der Scheiben außer dem im § 14 litt. a vorgesehenen Falle[30]);

d) die Erneuerung von Hauptbestandteilen der Glockenzüge oder ähnlicher Vorrichtungen zum Herbeirufen des Gesindes[31]);

e) die Unterhaltung und Erneuerung von Garten- und Hofbewährungen, einschließlich der Pforten, Torwege und Tore[32–34]);

f) die Unterhaltung und Erneuerung des zur Erhaltung der Dielungen dienenden Anstrichs und das damit verbundene Verkitten der Fugen[35–37]);

g) die sonst nach § 14 dem Wohnungsinhaber obliegende Unterhaltung der davon betroffenen Gegenstände in allen den Fällen, in welchen die Ursachen des Reparatur- und Erneuerungsbedürfnisses erweislich aus Mängeln der ersten Anlage oder aus Veränderungen in der technischen Struktur des Gebäudes, wie Rissen und Lösungen der Mauern oder Decken usw. hervorgehen[38–41];

h) die Übernahme der Einquartierungslast, wenn dieselbe durch die Gemeindebehörden beziehentlich durch Ortsstatut auf die Hauseigentümer verteilt ist[42].

Anm. 1. Ausf.-Verf. Nr. 4. Die erleichterte Unterhaltspflicht des Wohnungsinhabers bedingt eine strenge und unausgesetzte Aufsicht über den Zustand der Dienstwohnung und über die dem Inhaber obliegenden Leistungen, wie solches im § 3 des Reg. vorgeschrieben ist.

Anm. 2. Beschluß d. Staatsministeriums v. 13. 5. 1884 Nr. 1146/82. Zur Herbeiführung eines gleichmäßigen Verfahrens seitens aller Verwaltungen hinsichtlich der Verrechnung der Kosten für die Unterhaltung der Dienstgebäude usw. und zur dementsprechenden gleichmäßigen Gestaltung der Etats wird auf Anregung der Kgl. Oberrechnungskammer hiermit folgendes bestimmt:

I. A. Als Kosten zur Unterhaltung der Staats- (Dienst-, Amts- pp.) Gebäude im Sinne des Staatshaushalts sind nur diejenigen Kosten anzusehen, die betreffen:

Die Substanz der Gebäude und der dazu gehörigen Grundstücke, ferner solche Gegenstände, die baulich bezw. niet- und nagelfest mit den Gebäuden und den dazu gehörigen Grundstücken in dauernde Verbindung gebracht sind, und endlich solche beweglichen Gegenstände, die für die Gebäude bezw. Grundstücke als solche, also nicht ausschließlich zur gegenwärtigen Benutzung derselben für notwendig zu erachten sind, also insbesondere:

1. Die Kosten für bauliche Einrichtungen, Änderungen und Reparaturen in den Gebäuden, sowie die Kosten für die Unterhaltung von Gärten, soweit solche dem Staate obliegt;

2. die Kosten für Pflasterungen und Einfriedigungen, für Brunnen und Pumpen, für Wasser-, Gasleitungs- und Kanalisations-, Zentralheizungs- und Ventilationsanlagen, sowie für Klosetteinrichtungen, für

Blitzableiter, für äußere Uhren, Klingelzüge, Telegraphen- und Telephonleitungen, Feuermeldeapparate, Hausschilder und dergl.;

3. die Kosten für Öfen, Kochherde, Waschkessel, für Feuerlöschgerätschaften, für Winterfenster und Fenstermarkisen, Fensterrouleaux, für Gasmesser, Gasarme, Kronleuchter, für Vorhängeschlösser und Fensterverschlüsse, für Gasleitungsanlagen zu Illuminationszwecken, für Nationalfahnen usw.

B. Zu den unter 1 erwähnten Kosten sind dagegen nicht zu rechnen:

a) Lasten und Abgaben einschließlich der Einquartierungslasten und der für Entwässerung der Grundstücke zu zahlenden Kanalisationsabgaben;

b) die Kosten hauswirtschaftlicher Art, d. h. solche Kosten, die erforderlich sind, um in und an den Gebäuden und auf den dazu gehörigen Grundstücken den ordnungsmäßigen Zustand zu erhalten, z. B. die Kosten

1. für Reinigung der Innenräume der Gebäude, der Höfe, sowie der Straßen und Bürgersteige vor den Dienstgebäuden,
2. für Reinigung der Müllgruben und für Abfuhr von Schutt und Müll,
3. für Entleerung und Desinfektion von Kloaken und Senkgruben,
4. für Befreiung der Dächer pp. von Schnee und Eis,
5. für Bestreuung der Bürgersteige bei Glätte und für Beschaffung des dazu erforderlichen Materials,
6. für Beschaffung und Unterhaltung der zu diesen Arbeiten nötigen Gerätschaften,
7. für das jedesmalige Befestigen und Wiederabnehmen der Winterfenster, Fenstermarkisen und Nationalfahnen, sowie für das Luftdichtmachen der Fenster,
8. für Schornsteinfegerreinigung,
9. für das Reinigen der Wasserheizungskanäle und der Telegraphenbatterien,
10. für das Umbinden der Brunnen und Pumpen mit Stroh,
11. für Vertilgung von Ungeziefer, als Ratten und Mäusen pp.,
12. für die nächtliche Bewachung der Dienstgebäude und Gärten,
13. für Versicherung der Gebäude gegen Feuersgefahr, soweit Beiträge dazu von den fiskalischen Gebäuden überhaupt noch zu entrichten sind.

Zu den hauswirtschaftlichen Kosten gehören auch die Kosten für das mittels Leitungsanlage entnommene Wasser und Gas.

c) alle Kosten für solche beweglichen Gegenstände, die nur zur gegenwärtigen Benutzung der Gebäude und Grundstücke, also nicht für die Gebäude und Grundstücke als solche, für notwendig zu erachten sind.

Anm. 3. F. M. E. v. 22. 5. 1886 III 6461.

Die Kosten für die Reinigung der in den Dienstgebäuden der Zollverwaltung befindlichen Öfen — insoweit diese Kosten überhaupt der Staatskasse zur Last fallen — sind nicht, wie die im Staatsministerialbeschluß v. 13. 5. 1884 zu I B b 8 erwähnten Schornsteinfegerlöhne, bei den Hauswirtschaftskosten, sondern nach Maßgabe des F. M. E. v. 17. 8. 1878 III 7642 bei den Kosten für bauliche Reparaturen zu verrechnen. Die fraglichen Ausgaben sind deshalb dem Baufonds zugewiesen worden, weil mit der Reinigung der Öfen in der Regel eine bauliche Arbeit verbunden ist.

Anm. 4. F. M. E. v. 30. 6. 09 III 10495, Z. Bl. S. 228.

Zu den „kleinen Ausbesserungen an den Dienstgebäuden und Wasserfahrzeugen", zu deren Anordnung bei einem Kostenbetrage von nicht mehr als 50 Mark die Hauptamtsleiter nach § 77 Ziff. 7 der Etatsvorschriften befugt sind, sind nicht lediglich die infolge Abnutzung erforderlich werdenden Wiederherstellungen, also nicht nur die Ausbesserungen im engeren Sinne, sondern allgemein kleine Instandsetzungsarbeiten baulicher Art zu rechnen, auch wenn damit Neuanschaffungen verbunden sind.

Anm. 5. F. M. E. v. 14. 12. 1903 III 15518.

In einem Falle hat der Fiskus eine nicht unerhebliche Entschädigungssumme zahlen müssen, weil eine Person vor einem fiskalischen Gebäude nach einem Schneefall ausgeglitten und dadurch zu Schaden gekommen war. Dergleichen Ansprüche gegen den Fiskus lassen sich vermeiden, wenn seitens derjenigen Beamten, denen die Verwaltung fiskalischer Gebäude unterstellt ist, zuverlässige Personen mit dem nach den ortspolizeilichen Vorschriften erforderlichen Schneefegen, Streuen usw. beauftragt werden und für ihre gehörige Instruktion und Beaufsichtigung gesorgt wird.

(Vgl. R. G. E. v. 20. 3. 1902, D. Jur. Z. 1902, S. 321, s. Anm. 6.)

Anm. 6. R. G. E. v. 20. 3. 1902, D. Jur. Z. 1902, S. 321.

Haftung des Hausbesitzers für Streuen bei Winterglätte, § 823 2 B. G. B. Im März 1900 kam Klägerin auf dem Bürgersteig vor dem Hause des Beklagten zu Fall und erlitt einen Oberschenkelbruch. Hierfür macht sie den Beklagten verantwortlich und verlangt von ihm Schadenersatz. In den Vorinstanzen wurde der Anspruch seinem Grunde nach für gerechtfertigt erklärt, die Revision des Beklagten führte zur Zurückverweisung. Klägerin ist auf den Majolikafliesen vor dem Hause des Beklagten gestürzt, weil Winterglätte herrschte und die Fliesen weder gefegt noch gestreut waren.

Beides hätte geschehen sein müssen und zwar zufolge für C. (Ortsname) geltender Verordnung, die eine entsprechende Verpflichtung den Hausbesitzern unter Strafe auferlegt.

Diese zum Schutz der Gesamtheit wie des Einzelnen auf Grund des pr. Ges. v. 11. 3. 1850 erlassene Verordnung erscheint als „Schutzgesetz" im Sinne § 823 ² B. G. B.

Nach Absatz 2 tritt indes erst die Ersatzpflicht für den durch Verstoß gegen solches Schutzgesetz verursachten Schaden ein, wenn nach dem Inhalt des Gesetzes ein Verstoß gegen dieses auch ohne Verschulden möglich ist, nur im Falle des Verschuldens ein.

Vertretbares Verschulden aber setzt Vorsatz oder Fahrlässigkeit voraus und „fahrlässig" handelt, wer die im Verkehr erforderliche Sorgfalt außer Acht läßt (§ 276).

Nach den sozialen Verhältnissen versteht es sich von selbst, daß Verrichtungen, wie durch jene Verordnung zur Sicherung des Verkehrs vorgeschrieben worden, nicht stets von dem Verpflichteten selbst ausgeführt werden müssen, sondern daß er sich hierzu eines anderen bedienen darf, unter Umständen sogar muß. Andrerseits bestimmt sich jedoch seine Haftung nicht ausschließlich nach den Bestimmungen über die Haftung der Geschäftsherrn, da durch das Schutzgesetz ihm selbst die Verpflichtung auferlegt und eventuell für die richtige Ausführung persönlich haftbar gemacht wird.

Durch den bloßen Nachweis der Sorgfalt in Auswahl der bestellten Person kann sich der Verpflichtete deshalb noch nicht befreien, vielmehr darf er sich auch einer Kontrolle nicht entschlagen. Inwieweit diese zu gehen hat, ist allerdings je nach den konkreten Umständen zu entscheiden. Im vorliegenden Fall darf Beklagter danach nicht schon deshalb für haftbar erachtet werden, weil es ungenügend sei, daß er seinen Kutscher neben zwei anderen Bediensteten ein für alle Mal mit dem Fegen und Streuen beauftragt und nur seinen Sohn und einen Buchhalter angewiesen habe, auf ordnungsmäßige Ausführung zu achten. Es ist vielmehr auf die Behauptungen des Beklagten einzugehen und nach Erhebung der angebotenen Beweise festzustellen, ob Beklagter solche Anordnungen getroffen habe und ob diese regelmäßig so vollzogen seien, daß er die Beruhigung hegen durfte, es werden die polizeilichen Vorschriften von seinem Personal richtig und zuverlässig vollzogen.

Anm. 7. Hinsichtlich der Verpflichtungen, die den Wohnungsinhabern bezw. Wohnungseigentümern bei Schnee- und Eisglätte obliegen, ist folgendes zu beachten: Wo diese Verpflichtungen durch Polizeiverordnung geregelt sind, liegt die Sache ziemlich einfach. In Köln sind z. B. nach § 75 der Straßenpolizeiverordnung vom 12. Oktober 1903, die im ganzen Stadtkreise gilt, die Grundstücksbesitzer verpflichtet, bei eintretender Winterglätte die Bürgersteige mit Sand, Asche oder anderem abstumpfenden Material zu bestreuen; Salz und Salzmischungen dürfen hierbei nicht verwendet werden. Das Streuen hat so zu geschehen, daß während der Stunden von morgens 7 bis abends 10 Uhr der Entstehung gefahrbringender Glätte vollständig vorgebeugt wird. Die Zuwiderhandlung gegen diese Vorschrift wird mit Geldstrafe bis zu 30 Mark, im Unvermögensfalle mit entsprechender Haft bestraft. Polizeiverordnungen mit gleichem oder ähnlichem Inhalte werden wohl in allen Städten bestehen. Die polizeiliche Strafe ist aber nicht die unangenehmste Folge der Nichtbeachtung der Polizeiverordnung. Die bei weitem unangenehmere Folge besteht darin, daß der Grundstücksbesitzer schadenersatzpflichtig wird, wenn durch die Glätte jemand zu Fall kommt und sich verletzt. Da nämlich die Polizeivorschrift ein im Interesse des Publikums erlassenes Schutzgesetz darstellt, so ist nach § 823 Abs. 2 des Bürgerlichen Gesetzbuchs derjenige zum Schadenersatze verpflichtet, welcher gegen das den Schutz eines andern bezweckende Gesetz verstößt. Von diesen Erwägungen ist auch das Reichsgericht in einer Entscheidung vom 27. Juni 1904 ausgegangen (Juristische Wochenschrift 1904, S. 470). Ob die Hauseigentümer auch an denjenigen Orten, wo Polizeiverordnungen in dieser Beziehung fehlen, zur Beseitigung der Winterglätte verpflichtet sind, ist zweifelhaft. Das Reichsgericht läßt in der eben angeführten Entscheidung es dahingestellt, ob in einem solchen Falle den Hauseigentümern die Reinigung und das Bestreuen des Bürgersteiges überhaupt angesonnen und ob ein Unterlassen dieser Verrichtung als ein zum Schadenersatz verpflichtendes Verschulden angesehen werden kann. Für die Verneinung sprechen auch allgemeine Rechtsgrundsätze, da der Bürgersteig sich in der Regel im Eigentume der Gemeinden befinden wird. Solange das Reichsgericht zu der Frage noch keine Stellung genommen hat, wird jeder am besten tun, Eis- und Schneeglätte zu beseitigen, denn die kleine Mühe steht in keinem Verhältnisse zu der Schadenersatzpflicht, der er entgeht. Die Beseitigung braucht aber nur für die Zeit zu geschehen, in welcher auf der Straße ein Verkehr stattfindet oder erwartet werden kann; es wird dies die Zeit von 7 Uhr morgens bis 10 Uhr abends sein, die auch in der Kölner Polizeiverordnung angegeben ist. Weiter als die *Verpflichtung des Hauseigentümers* dem Publikum gegenüber geht seine Verpflichtung im Verhältnis zu seinen Mietern. *Jeder Vermieter hat die Mietwohnung mit allem Zubehör* in einem zum Gebrauche geeigneten Zustande zu erhalten. Befindet sich auf dem Hofe, Fluren, Treppen usw. Eis, so wird hierdurch die Brauchbarkeit der betreffenden Teile der Wohnung beeinträchtigt, da die dort verkehrenden Personen der Gefahr ausgesetzt sind, verletzt zu werden. Die Beseitigung der Glätte ist hier eine Maßnahme, zu welcher der Vermieter in seinem Verhältnis zum Mieter gesetzlich verpflichtet ist. Diese Auffassung hat auch das Reichsgericht wiederholt zum Ausdruck gebracht. Der Hauseigentümer kann sich bei Erfüllung seiner Verpflichtungen auch durch andere, z. B. durch das Gesinde, vertreten lassen. Kommen die Beauftragten dem Auftrage nicht nach, so trifft den Hauseigentümer die polizeiliche Strafe. Von der weitergehenden Schadenersatzpflicht kann er sich durch den Nachweis befreien, daß er eine zuverlässige Person beauftragt hatte. Im Verhältnis zu seinem Mieter kann sich aber der Hauseigentümer durch einen solchen Nachweis nicht befreien; er haftet unbedingt für das Versehen der Personen, deren er sich zur Erfüllung seiner Verpflichtungen bedient.

Anm. 8. Zirk.-Verf. v. 5. 3. 1868 III 4860, Nr. 16.

Die Einrichtung von Bratöfen und eingemauerten Waschkesseln oder Wasserkesseln auf Staatskosten ist bei Neubauten oder Instandsetzung von Dienstwohnungen nicht als ausgeschlossen zu betrachten. In jedem einzelnen Baufall ist aber zu prüfen, ob durch das Dienstverhältnis des Wohnungsinhabers, durch den örtlichen Gebrauch, oder durch sonstige auf die bessere Erhaltung des Gebäudes selbst zu nehmenden Rücksichten Herstellungen jener Art notwendig werden.

Anm. 9. Zu den Hauptbestandteilen der Feuerungen pp. dürften auch die Roste zu rechnen sein.

Anm. 10. F. M. E. v. 13. 10. 1883 III 12 738.

Da die Wasserkessel und Waschkessel unter den für die Dienstwohnungen auf Staatskosten zu beschaffenden Gegenständen nicht besonders genannt sind, ist auch ferner nach dem St. M. B. v. 20. 6. 1861 zu verfahren, nach welchem nur im Fall des Neubaues oder der Instandsetzung der Dienstwohnungen die bezeichneten Kessel auf fiskalische Rechnung angeschafft werden dürfen.

Anm. 11. Unter den Begriff „der Unterhaltung" im Sinne des § 15, welche dem Wohnungsinhaber, wenn nicht etwas anderes ausdrücklich vereinbart ist, obliegt, fallen die Ausbesserungen an den Heizvorrichtungen und die Erneuerung einzelner Teile wie Roste, Platten, Rohre usw.

Anm. 12. Wasserleitungen nebst Zubehör, die sich in den Dienstwohnungen befinden, sind, soweit die bezüglichen Anlagen mit den Gebäuden in feste Verbindung gebracht sind, auf Staatskosten zu unterhalten. Die Wohnungsinhaber dagegen haben alle Gegenstände zu beschaffen und zu unterhalten, bei denen, wie namentlich auch bei den Wassermessern, diese Bedingung nicht zutrifft.

Anm. 13. Wäschelattengerüste sind nur zulässig, wenn nicht durch Haken zum Anbinden von Zugleinen gesorgt werden kann.

Anm. 14. (Im Reg. beigedruckt.) Die Beschaffung und Unterhaltung von Heizgerätschaften und anderer zum Heizen, Kochen, Backen, Waschen usw. erforderlichen Mobilien trifft ausschließlich den Wohnungsinhaber.

Anm. 15. F.M.E. v. 18. 7. 1901 I 2259 II, II 6803, III 8715, Z.Bl. S. 206.

Grundsätze, nach denen in feststehenden fiskalischen Feuerungsanlagen zur Verhütung übermäßiger Rauchentwicklung zu verfahren ist. — Zur Vermeidung von Belästigungen und Schädigungen, die durch den Rauch feststehender Feuerungsanlagen verursacht werden können, ist für alle unter staatlicher Leitung stehenden Betriebe Vorsorge zu treffen, daß die Entwicklung von schwarzem, dickem und langandauerndem Rauch in erster Linie durch sachkundige Bedienung des Feuers, durch gehörige Aufsicht über das Heizpersonal und durch die Wahl des Brennmaterials vermieden wird.

Als langandauernd ist die Rauchentwicklung dann anzusehen, wenn der Austritt schwarzen, undurchsichtigen Rauches aus der Schornsteinmündung länger als 5 Minuten ununterbrochen anhält.

Soweit irgend tunlich, ist darauf Bedacht zu nehmen, daß als selbständige Heizer nur solche Personen bestellt werden, welche bereits längere Zeit Feuerungen zufriedenstellend bedient haben. Sofern diese Personen nicht bereits einen Lehrgang an einer Heizerschule*) mit Erfolg durchgemacht haben, ist ihnen möglichst Gelegenheit zu geben, an einem solchen teilzunehmen.

Die Behörden, denen Feuerungsanlagen unterstehen, haben ferner für die Belehrung der Heizer über die Ursachen der Rauchentwicklung und für ihre hinreichende Beaufsichtigung zu sorgen.

---

*) Heizerkurse werden in den Wintermonaten abgehalten von den Ingenieuren der Dampfkessel-Überwachungsvereine in Magdeburg, Stettin und Danzig; ferner mit Unterstützung des gewerblichen Zentralvereins der Provinz Ostpreußen in Königsberg in den Orten Königsberg, Memel, Allenstein, der Gewerbevereine in Elbing, Grünberg, Hannover an den genannten Orten, des Technikervereins in Bromberg daselbst und an der Fachschule für Dampfkesselheizer und Maschinenbauer in Aachen (einer Abteilung der städtischen gewerblichen Schulen).

Bei der Wahl des Brennmaterials ist davon auszugehen, daß im allgemeinen die Rauchentwicklung nicht durch Beschaffung teuerer, auch ohne besondere Sorgfalt rauchschwach verbrennender Kohlensorten oder durch Ersatz von Kohle durch Kokes (außer wo letzterer wegen der Beschaffenheit oder Zweckbestimmung der Feuerungsanlage nicht entbehrt werden kann) zu verhüten, sondern daß dasjenige Brennmaterial zu beschaffen ist, dessen Verwendung an der Verbrauchsstelle herkömmlich ist, selbst wenn es etwa Schwierigkeiten hinsichtlich der rauchfreien Verbrennung bietet. Kommen mehrere Brennstoffe bei annähernd gleichen Preisen in Frage, so ist dem rauchschwächeren der Vorzug zu geben.

Kann der übermäßigen Rauchentwicklung weder durch sorgfältige Bedienung des Feuers, Beaufsichtigung und Belehrung der Heizer, noch durch die Wahl des Brennmaterials, ohne wesentliche Erhöhung der Heizkosten, hinreichend vorgebeugt werden, so sind überall da, wo die Rauchverminderung mit Rücksicht auf die örtliche Lage der Betriebsstätte wünschenswert ist, vorerst einzelne Feuerungsanlagen mit bewährten besonderen Einrichtungen zur Rauchverhütung auszurüsten. Reichen die laufenden Mittel zur Unterhaltung der Anlage für die Beschaffung solcher Feuerungseinrichtungen nicht aus, so ist die Überweisung der Mehrkosten bei der vorgesetzten Behörde zu beantragen. Nötigenfalls sind nach Billigung der Verbesserungsvorschläge durch die vorgesetzte Behörde die entstehenden Kosten in den nächsten Etatsvoranschlag aufzunehmen. Soweit sachverständige Beamte der eigenen Verwaltung zur Begutachtung verbesserungsbedürftiger Feuerungsanlagen nicht vorhanden sind, sind durch Vermittelung der zuständigen Behörden sachverständige Beamte anderer Verwaltungszweige zur Beratung heranzuziehen. Hierbei kommen wesentlich die Kesselprüfungsbeamten in Betracht.

Bei der Herstellung neuer Feuerungsanlagen empfiehlt es sich, überall da, wo die Rauchverminderung mit Rücksicht auf die örtliche Lage der Betriebsstätte wünschenswert ist, schon bei der Ausschreibung die Bedingung zu stellen, daß die Feuerungsanlage mit dem am Betriebsorte erhältlichen Brennmaterial möglichst rauchfrei arbeiten muß, und die dafür vorzusehenden Einrichtungen im Angebot nachzuweisen sind. Vor der Zuschlagserteilung ist durch sorgfältige Prüfung festzustellen, ob die vorgeschlagenen Einrichtungen zur Rauchverhütung ausreichend erscheinen. Ferner ist darauf Bedacht zu nehmen, daß die Größe der Feuerungsanlage auch für etwaige stärkere Beanspruchung noch ausreicht, ohne eine Überlastung der Anlage und eine daraus sich ergebende zu starke Rauchbildung herbeizuführen.

Nach Ablauf des Etatsjahres 1903 ist von allen Dienststellen, unter deren Aufsicht größere Feuerungsanlagen stehen, ihrer vorgesetzten

Behörde Bericht über den Erfolg der Bemühungen auf dem Gebiete der Rauchverhütung nach Maßgabe folgender Gesichtspunkte zu erstatten.

a) Zahl und Art der vorhandenen größeren Feuerungsanlagen und der dabei verwendeten Brennmaterialien,
b) Stärke der beobachteten Rauchentwicklung,
c) Art der getroffenen Anordnungen zur Verminderung der Rauchentwicklung, wo dies erforderlich war,
d) aufgewendete Anlagekosten zur Rauchverminderung und etwa dadurch erzielter Betriebsersparnisse.

Die gesammelten Berichte sind der Zentralinstanz mit einer gutachtlichen Äußerung darüber zu übersenden,

1. ob sich hiernach die Durchführung von besonderen Maßnahmen zur Rauchverminderung bei derartigen Anlagen empfiehlt, bei denen die Bemühungen zur Rauchverminderung durch sachgemäße Bedienung des Feuers, Wahl des Brennmaterials ꝛc. ohne Erfolg geblieben sind,
2. welche Mittel bejahenden Falls zur Durchführung der erforderlichen Verbesserungen bereit zu stellen sind.

Anm. 16. F. M. E. v. 15. 4. 1893 III 8238, II 8823, I 6070.

Anweisung zur Herstellung und Unterhaltung von Zentralheizungs- und Lüftungsanlagen pp. b) Kontrolle durch die nutznießende Behörde. Damit die Wirkung der Heizungs- und Lüftungsanlagen mit Sicherheit beurteilt werden kann, ist es notwendig, daß die nutznießende Behörde nach Anweisung des zuständigen Ministers durch ihre Beamten während der Gewährleistungszeit, wöchentlich einmal vor Beginn der Dienststunden, die Temperatur in allen von der Zentralheizung erwärmten Räumen und die äußere Temperatur in Graden Celsius messen und in eine Liste eintragen läßt. Falls in den Gebäuden eine Anzahl gleichartiger und gleichliegender Räume vorhanden ist, können diese Messungen auf einzelne dieser Räume beschränkt werden.

Der Verbrauch an Brennstoffen ist dagegen dauernd in prüfungsfähiger Weise zu buchen. Die Kosten dafür sind unter Angabe der Einheitspreise für die ganze Heizperiode zu ermitteln. Diese Aufzeichnungen über Wärmemessungen und Brennstoffverbrauch werden durch die nutznießende Behörde den Baubeamten mitgeteilt.

Das Heizpersonal ist zu verpflichten, dem Baubeamten jede Auskunft zu geben und nach seinen Anweisungen bei der Behandlung der Heizanlage zu verfahren. Falls ein besonderer Heizingenieur angestellt ist, hat der Baubeamte sich mit diesem ins Benehmen zu setzen. (S. auch Anm. 14b bei § 14 S. 31.)

Anm. 17. Aus dem Schr. d. Min. d. öff. A. an den Fin.-Min. v. 25. 11. 1908 III B 1. 194, F. M. E. v. 7. 12. 1908 III 20661.

Nach den Untersuchungen des als eine Autorität auf dem Gebiete der Hygiene geltenden Professors Rubner ist eine künstliche Befeuchtung der Luft in den weitaus meisten Fällen entbehrlich und kann sogar schädlich wirken, wenn die Befeuchtung nicht durch einen sachverständigen Ingenieur, sondern durch Laien ohne Zuhilfenahme von Meßinstrumenten erfolgt, weil dann zumeist die Feuchtigkeit der Luft zu groß wird. Das sogenannte Gefühl der Trockenheit, über das manchmal geklagt wird, ist fast stets auf den Staubgehalt der Luft zurückzuführen, insbesondere auf die ätzende Wirkung von Ammoniak auf die Schleimhaut des Kehlkopfes, welches sich aus dem an den Heizkörpern entlang streichenden oder auf diesen sich ablagernden Staube organischer Stoffe entwickelt, sobald die Heizkörper eine höhere Temperatur als 70 Grad annehmen. Nur in Räumen mit stark wirkenden Lüftungsanlagen kann eine mäßige Befeuchtung am Platze sein, nicht sowohl in Rücksicht auf die Insassen als vielmehr um einer Austrocknung von hölzernen Ausbaustücken entgegenzuwirken. Staatliche Mittel zur Beschaffung von Wasserverdunstungsvorrichtungen für gewöhnliche Geschäftsräume sollten in der Regel nicht aufgewendet werden.

Anm. 18. F. M. E. v. 13. 3. 1908, I 2520, II. 1827, III. 3905.

Von der Königlichen Oberrechnungskammer ist gelegentlich der Rechnungsrevision die grundsätzliche Erörterung der Frage angeregt worden, ob die Zentralheizungsanlagen in den Staatsgebäuden zu den versicherungspflichtigen Betrieben im Sinne des § 2 Abs. 2 des Gewerbe-Unfallversicherungsgesetzes vom 30. Juli 1900 (R. G. Bl. S. 347/585) zu rechnen seien.

Das Königliche Staatsministerium hat sich demnächst dahin verständigt, daß als versicherungspflichtige Betriebe nur diejenigen Zentralheizungsanlagen in den Staatsgebäuden anzusehen sind, in denen Dampfkessel mit gespannten Dämpfen verwendet werden.

Ferner ist darauf hingewiesen worden, daß diese Anordnungen zugleich als Richtschnur zu dienen haben, wenn es sich um die Frage handelt, ob ein Beamter auf die Wohltaten des Unfall-Fürsorgegesetzes vom 2. Juni 192 (G.S. S. 153) Anspruch hat oder nicht. Dabei ist zu beachten, daß der Begriff eines „Betriebes" im Sinne des vorerwähnten Gesetzes nicht die Gewerbsmäßigkeit zur notwendigen Voraussetzung zu haben braucht in der Weise, daß der Betrieb eine selbständige Einnahmequelle bilden oder sich in einem auf die Erzeugung von Gütern gerichteten Unternehmen vollziehen müßte. Auch ist nach der bisherigen Rechtsprechung kein Unterschied darin zu erblicken, ob als Unternehmer eines solchen Betriebes der Staat, ein städtisches oder sonstige Gemeinwesen, eine Körperschaft oder eine einzelne Person auftritt, und ob der Betrieb staatlichen, gewerblichen oder anderen Zwecken dient. Entscheidend für die Versicherungspflicht ist vielmehr die regelmäßige Verwendung eines Dampfkessels oder eines der im Gesetze näher bestimmten Triebwerke in einem Betriebe, wobei „Betrieb" lediglich als Inbegriff fortdauernder menschlicher Tätigkeit aufzufassen ist. Hiermit ist zugleich der Gegensatz zu denjenigen Einrichtungen gegeben, die nicht der Versicherungspflicht unterliegen und sich von einem Betriebe im allgemeinen dadurch unterscheiden, daß bei ihnen eine einigermaßen erhebliche und regelmäßige Beschäftigung von Arbeitern nicht stattfindet.

Anm. 19. Zirk.-Verf. v. 5. 3. 1868 III 4860, Nr. 18.

Fensterblenden werden nur dann auf Staatskosten angeschafft, wenn an den betreffenden Fenstern sich weder Außen- noch Innenblenden befinden und somit die Blenden lediglich die Stelle der fehlenden Fensterläden ersetzen.

Anm. 20. F. M. E. v. 3. 8. 1883 III 10003.

Zur Anschaffung von Vorsatzfenstern bedarf es in jedem einzelnen Falle der Genehmigung des Fin.-Min.

Anm. 21. F. M. E. u. E. d. M. d. J. u. des M. d. ö. A. v. 12. 1. 1881, M. Bl. S. 76.

Fenstermarkisen an solchen Dienstwohnungen von Staatsbeamten, welche sich in fiskalischen Gebäuden befinden, sind, wenn ihre Anbringung von der Zentralinstanz genehmigt worden ist, auf Kosten der Staatskasse zu beschaffen, und als Pertinenzstücke dieser Gebäude anzusehen. Danach sind die Gebäudeinventarien zu berichtigen. Die Kosten der Anschaffung und Unterhaltung der Markisen sind bei dem Gebäudeunterhaltungsfonds zu verrechnen.

Anm. 22. F. M. E. v. 29. 5. 1889 III 7436.

Die Kosten der Beschaffung und Unterhaltung von Innen- (Zimmer-) Rouleaux für Dienstwohnungen sowie für Geschäftsräume sind fortan allgemein auf die Gebäudeunterhaltungsfonds zu übernehmen; die Beschaffung solcher Rouleaux darf aber nur da erfolgen, wo diese zum Schutze der betreffenden Räume, namentlich gegen die Einwirkung der Sonne, erforderlich sind und wo die Anbringung äußerer Schutzvorrichtungen (Jalousien oder Markisen) nicht für genügend bezw. zweckmäßig erachtet werden könnte. In jedem Einzelfalle ist ferner auf eine entsprechende Begründung des

Bedürfnisses zu halten und zur Beschaffung von Innenrouleaux für Dienstwohnungen die Genehmigung der Zentralbehörde erforderlich.

Anm. 23. F. M. E. v. 5. 5. 1899 III 5907.

Künftig ist an Dienstwohnungen von Staatsbeamten, die sich in fiskalischen Gebäuden befinden, nicht nur die vollständige Erneuerung von Markisen und Jalousien, deren Anbringung von der Zentralinstanz genehmigt, sondern auch die Erneuerung ihrer Hauptbestandteile auf Staatskosten zu bewirken. Solche Hauptbestandteile sind insbesondere auch der Leinwandbezug, die Gurtbänder, Zwischenbänder und Schnüre.

Anm. 24. F. M. E. v. 20. 7. 1909 III 10932.

Über Anträge auf Beschaffung von Fensterjalousien und Fenstermarkisen für Dienstwohnungen haben fortan die Präsidenten der Oberzolldirektionen selbständig zu befinden.

Die Beschaffung von Fenstermarkisen ist nur zulässig, wenn eine Vorrichtung zum Schutze der Räume gegen die Einwirkung der Sonne nicht zu entbehren ist, die Fenster aber so eingerichtet sind, daß Jalousien nicht angebracht werden können.

Anm. 25. F. M. E. v. 8. 7. 1900 III 6859, I 7477, Z. Bl. S. 406.

Bei nachgewiesenem besonderen Bedürfnis kann die Beschaffung von Doppelfenstern in staatseigenen Gebäuden, insoweit nicht die Vorschrift im § 29 des Reg. entgegensteht, von den Präsidenten der Oberzolldirektionen genehmigt werden.

Anm. 26. F. M. E. v. 3. 2. 1908 III 1600, Z. Bl. S. 110.

Auch die Anbringung von Doppeltüren in staatlichen Dienstgebäuden kann bei nachgewiesenem besonderen Bedürfnis fortan selbständig von den Präs. d. O. Z. D. genehmigt werden.

Anm. 27. E. d. Fin.-Min. u. Min. d. öff. Arb. v. 16. 2. 1900 I 13773, III 13459 bezw. III 14149 1 Ang. V B 10586.

Betreffs der nachstehend näher bezeichneten Unterhaltungsarbeiten, welche in den Ober- und Regierungspräsidialwohnungen nach § 15 des Reg. v. 26. Juli 1880 und den im Anschlusse daran ergangenen einschlägigen Entscheidungen auf Staatskosten zu bewirken sind, ist bestimmt worden, daß

1. die Erneuerung des Anstrichs (gegebenenfalls einschließlich des Lacküberzuges) von inneren Fensterläden, inneren Tür- und Fensterflächen, Paneelen, hölzernen Verschlägen und Wandschränken, sowie das Verkitten der Scheiben innerer Fenster und innerer Türen in Zeitabschnitten von nicht weniger als 8 Jahren,

2. die Erneuerung der Tünche, der Färbung und der Malerei an inneren Wänden in Zeitabschnitten von nicht weniger als 5 Jahren, an Decken in Zeitabschnitten von nicht weniger als 8 Jahren,

3. die Erneuerung von Tapeten ebenfalls in Zeitabschnitten von nicht weniger als 8 Jahren,

4. die Erneuerung des Anstrichs (gegebenenfalls einschließlich des Lacküberzuges), sowie das Verkitten der Fugen von Fußböden in Zeitabschnitten von nicht weniger als 5 Jahren,

5. die Erneuerung von Waschkesseln (Badewannen und Badeöfen) in Zeitabschnitten von nicht weniger als 15 Jahren zu bewirken ist und auch bei Ablauf dieser Fristen auf Kosten des Staats nur dann zu erfolgen hat, wenn eine wirkliche Notwendigkeit vorliegt.

Von Innehaltung der Fristen darf in einzelnen Fällen ausnahmsweise abgesehen werden, wenn besondere Umstände nach dem Ermessen der Aufsichtsbehörden die Notwendigkeit einer früheren Erneuerung begründen.

Diese Verfügung soll auch für die Dienstwohnungen der Zollverwaltung Geltung haben.

Anm. 28. F. M. E. v. 10. 6. 1906 III 7720, I 9950.

Die nach dem Erl. v. 16. 2. 1900 (vgl. Anm. 27 auf Seite 52) für die Vornahme von Unterhaltungsarbeiten in den Dienstwohnungen der Präsidenten der Oberzolldirektionen geltenden Fristen sind auf die Dienstwohnungen der nachgeordneten Beamten nicht in Anwendung zu bringen.

Bei Erlaß jener Verfügung hat von einer Verallgemeinerung der Fristbestimmungen abgesehen werden müssen, weil, insbesondere bei den Dienstwohnungen der mittleren und unteren Beamten, die Verhältnisse nach der Art der Einrichtung und nach dem Maße der Benutzung der Wohnungen viel zu verschiedenartig sind, als daß hinsichtlich der Zulässigkeit von Erneuerungsarbeiten für sämtliche Dienstwohnungen eine gleichmäßige Zeitregelung für durchführbar erachtet werden könnte.

Anm. 29. Nach einer Entscheidung der Kgl. Oberrechnungskammer ist bei der Tapezierung von Räumen im allgemeinen die Vorschrift der Finanzordnung der Staatseisenbahnverwaltung zu beachten, wonach das Verhältnis von einer Rolle Tapeten gleich 3,546 qm maßgebend ist.

Hierauf ist bei der Prüfung von Kostenanschlägen und Rechnungen zu achten, ein etwaiger Mehrverbrauch aber besonders zu begründen.

Anm. 30. Zirk.-Verf. v. 5. 3. 1868, Nr. 8.

Das Verkitten der Fenster gehört nicht zur Erhaltung der Verglasung, es dient vielmehr wesentlich zur Konservierung des Holzwerks, es kann daher auf Kosten der Staatskasse erfolgen.

Anm. 31. F. M. E. v. 13. 11. 1905 III 13394.

Über Anträge auf Herstellung von Klingelanlagen haben die Präsidenten der Oberzolldirektionen auch dann selbständig zu befinden, wenn es sich dabei um die erstmalige Ausstattung der Wohnungen damit handelt.

Anm. 32. F. M. E. v. 4. 10. 1880 III 14393.

Für die Wahl des Materials zu dem Anstrich von Umzäunungen fiskalischer Grundstücke ist — falls nicht besondere bauliche Vorschriften bestehen — der Ortsgebrauch entscheidend. Bei jeder sich nötig machenden Erneuerung des Anstrichs ist jedoch auf Kostenersparnis tunlichst Bedacht zu nehmen.

Anm. 33. F. M. E. v. 7. 12. 1881 III 16618.

Die Kosten für die Unterhaltung der in lebenden Hecken bestehenden Bewährungen der mit Dienstwohnung verbundenen Gärten sind auf die Staatskasse zu übernehmen, wenn die Anlegung einer derartigen Hecke an Stelle eines Zaunes genehmigt worden ist.

Anm. 34. F. M. E. v. 13. 6. 1909 III 9250, Z. Bl. S. 215.

Die Bestimmung unter Ziffer 20 Abs. 2 der Verfügung vom 5. 3. 1868, III 4860, Z. Bl. S. 103, wonach zur Anlegung neuer Umwehrungen für Dienstgrundstücke oder Gärten die ministerielle Genehmigung einzuholen ist, ist aufgehoben worden.

Anm. 35. Zirk.-Verf. v. 31. 1. 1883 III 152, Z. Bl. S. 26.

Die Kosten für das Lackieren von Fußböden in Dienstwohnungen sind in Zukunft aus der Staatskasse zu bestreiten, sofern es sich dabei um die Herstellung und die Erneuerung der Gesamtflächen der Fußböden handelt. Diese Bestimmung findet bei Bauausführungen der Forstverwaltung keine Anwendung, da die bauliche Unterhaltung der Dienstgebäude der Staatsforstverwaltung durch ein besonderes Reg. geregelt worden ist.

Anm. 36. F. M. E. v. 7. 8. 1888 III 14372.

Auf Grund des § 34 D. W. R. wird bestimmt, daß die Kosten für das Lackieren von Türen, Fenstereinfassungen, Brettern und Läden in Dienstwohnungen, sofern es sich dabei um die Gesamtfläche eines solchen Gegenstandes handelt, aus Staatsmitteln und zwar aus dem betr. Gebäudeunterhaltungsfonds zu bestreiten sind, wie dies bezüglich der Kosten für das Lackieren von Fußböden bereits auf Grund der in dem Jahrgange 1882 (Seite 251) zur Veröffentlichung gelangten Erklärung des Herrn Präsidenten und sämtlicher Mitglieder des Kgl. Staatsministeriums v. 10. 10. 1882 im Einvernehmen mit der Kgl. Oberrechnungskammer festgesetzt worden ist.

Anm. 37. F. M. E. v. 25. 5. 1908 III 8342, Z. Bl. S. 290.

Die Anbringung von einfarbigem Linoleum als Fußbodenbelag nicht nur für Diensträume, sondern auch für Dienstwohnungen kann von den Oberzolldirektionen in solchen Fällen zugelassen werden, in denen eine ebene, möglichst gleichförmige und unveränderliche Unterlage in Frage kommt und die Linoleumverwendung auf Grund vergleichender Kostenermittelung von der Baubehörde als vorteilhaft empfohlen wird.

Anm. 38. Zirk.-Verf. v. 28. 5. 1880 III 7659 Nr. 1, Z. Bl. S. 426.

Die Kosten für die Anbringung von Regalen (Borden) in den Küchen, Speisekammern und Kellern der Dienstwohnungen, sowie von Gossensteinen und Ausgußröhren sind, soweit solche Herstellungen erforderlich sind, von der Staatskasse zu tragen. Die Regale müssen sich aber in fester Verbindung mit dem Mauerwerk des Hauses befinden.

Anm. 39. F. M. E. v. 25. 5. 09 III 7922, Z. Bl. S. 174.

Zur Herstellung von Gasleitungen in Dienstwohnungen ist die Genehmigung des Fin.-Min. nicht mehr erforderlich.

Anm. 40. F. M. E. v. 8. 6. 1903 III 7883.

Zur Beschaffung von Badeeinrichtungen für staatliche Dienstwohnungen von Oberzollinspektoren sind die Präsidenten der Oberzolldirektionen für solche Fälle ermächtigt, in denen ein geeigneter Baderaum in der Wohnung zur Verfügung steht und die Badeeinrichtung ohne unverhältnismäßig hohe Kosten an die vorhandene Wasser- und Abflußleitung angeschlossen werden kann.

Anm. 41. F. M. E. v. 27. 3. 1908 III 5126.

Die Präsidenten der Oberzolldirektionen sind ermächtigt worden, unter den in dem Erl. v. 8. 6. 1903 III 7883 (s. Anm. 40) angegebenen Voraussetzungen außer für Oberzollinspektorwohnungen ausnahmsweise auch in staatlichen Dienstwohnungen für andere Beamte Badeeinrichtungen auf Staatskosten beschaffen zu lassen, wenn bei Berücksichtigung der örtlichen Verhältnisse dafür ein besonderes Bedürfnis anzuerkennen ist und zur Deckung der Anlagekosten der etatsmäßig ausgesetzte prinzipielle Gebäudeunterhaltungsfonds nach Bestreitung der notwendigen anderen Ausgaben noch die Mittel bietet.

Anm. 42. Vgl. auch Anm. 21 bei § 14.

§ 16.

Bei gemeinsamer Benutzung von Gebäuden[1–2]) zu Dienstwohnungen und Geschäftsräumen gelten folgende Bestimmungen:

1. In den zu beiden Zwecken gemeinschaftlich benutzten Räumen, wie Fluren, Korridoren, Treppen usw. trägt der Staat auch die dem Wohnungsinhaber obliegenden Leistungen[3]);
2. zu den im § 14b bezeichneten Kosten leistet der Wohnungsinhaber einen von der Aufsichtsbehörde festzusetzenden angemessenen Beitrag;
3. von den im § 14k bezeichneten Kommunalabgaben und Lasten trägt der Staat für die Geschäftsräume, soweit an sich keine Befreiung desselben begründet ist, einen angemessenen Anteil[4–6]).

Anm. 1. F. M. E. v. 20. 3. 1891 III 3703, I 3690.

Zur Herbeiführung eines einheitlichen Verfahrens ist im Einverständnisse mit dem Min. d. öffentl. Arb. bestimmt worden, daß vom Etatsjahre 1892 ab für diejenigen Wohnungen, die der Zollverwaltung seitens der Eisenbahnverwaltung als Dienstwohnungen von Zollbeamten überlassen sind, oder künftig überlassen werden, allgemein eine Mietsvergütung gezahlt wird, die in Höhe der regulativmäßig festgesetzten Sätze nach dem jeweiligen Gehalte der betreffenden Wohnungsinhaber zu bemessen ist.

Anm. 1a. F. M. E. v. 17. 7. 1909 III 11 885.

Unter Aufhebung der F. M. E. v. 18. 12. 1898 III 16 337, I 17 043 ist nach den folgenden Vorschriften des Min. d. J. v. 10. 6. 1909 V. K. 9. 147 über die zu zahlende Mietvergütung für die von der Eisenbahnverwaltung gestellten Zollbeamten-Dienstwohnungen vom 1. 4. 1909 ab zu verfahren:

1. Die für die Zollbeamten etwa erforderlichen Dienstwohnungen werden in der Regel von der Zollverwaltung gestellt. Nur bei dem Vorliegen besonderer, in dem Erl. v. 20. 10. 1899 III 12 253, I 12 777 (s. nachstehend) erörterter Verhältnisse werden die Wohnungen seitens der Eisenbahnverwaltung auf deren Rechnung beschafft. Die der Zollverwaltung gegenwärtig für ihre Beamten gegen Mietvergütung überwiesenen Dienstwohnungen sind ihr zu belassen.

2. Die Zollverwaltung hat als Vergütung für die überlassenen

Wohnungen den Wohnungsgeldzuschuß der jeweiligen Stelleninhaber zu entrichten, sofern es sich um eine bahneigene Wohnung handelt. Es macht hierbei keinen Unterschied, ob die Wohnung von einem etatsmäßigen oder vorübergehend von einem diätarischen oder vom Amte suspendierten Beamten benutzt wird oder zeitweise leer steht, ohne der Eisenbahnverwaltung zurückgegeben zu sein. Liegen die betreffenden Wohnungen nicht in bahneigenen Gebäuden und hat die Eisenbahnverwaltung für ihre Verhaltung Miete zu entrichten, so ist letztere von der Zollverwaltung in voller Höhe der Eisenbahnverwaltung zu erstatten.

F. M. E. v. 20. 10. 1899 III 12 253, I 12777.

Es entspricht auch meiner Auffassung, daß für die auf Bahnhöfen, Güterabfertigungs- und Lagerstellen beschäftigten Zollbeamten etwa erforderlichen Dienstwohnungen durch die Zollverwaltung zu errichten sind. Dies geschieht auch jetzt schon. Wenn wiederholt davon abgewichen und die Eisenbahnverwaltung für den Bau von Wohngebäuden in Anspruch genommen worden ist, so lassen sich die dabei ausschlaggebend gewesenen Gründe zwar im einzelnen nicht mehr feststellen, es ist aber, wie hier bekannt, in mehreren Fällen deshalb geschehen, weil die Wohnräume der Zollbeamten in enge Verbindung mit denen der Eisenbahnbeamten oder auch mit den Abfertigungsräumen gebracht wurden. Nicht selten wird es übrigens vorkommen, daß anderes Bauland als das eisenbahnfiskalische überhaupt nicht oder nur zu einem unverhältnismäßig hohen Preise zu erwerben ist, so daß sich die Zollverwaltung auf das zu Bahnzwecken erworbene angewiesen sieht. In solchen Fällen wird aber das beiden Verwaltungen gemeinsame Interesse, die erforderlichen Bauten möglichst billig herzustellen, dahin führen, daß gewisse Einrichtungen (Brunnen, Abortanlagen, Ableitungen und Wirtschaftsschuppen) für eine gemeinschaftliche Benutzung hergestellt werden. Es liegt dann aber auch nahe, daß die Wohngebäude seitens der Eisenbahnverwaltung und auf deren Rechnung beschafft werden. Jedenfalls wird man auch für die Zukunft zweckmäßig die Lage des einzelnen Falles entscheiden lassen, welche der beiden Verwaltungen bauen soll.

Anm. 2. Fin. O. d. Pr. Staatseis. Verw., Teil XII, S. 3, Nr. 147.

Der Vereinszollverwaltung sind auf den für die Zollabfertigung bestimmten Bahnhöfen die für die zollamtliche Abfertigung und die einstweilige Lagerung der nicht abgefertigten Gegenstände erforderlichen Räume unentgeltlich zu überlassen. Die Unterhaltung erfolgt durch die Eisenbahnverwaltung. Dagegen hat die Zollbehörde die Ausstattung, Heizung, Beleuchtung und Reinigung der Räume, sowie die Reinigung der Öfen und Schornsteine für ihre Rechnung vornehmen zu lassen. Soweit derartige Leistungen durch die Eisenbahnverwaltung ausgeführt werden, sind ihr die entstehenden Kosten zu erstatten. Bei gemeinschaftlicher Benutzung von Räumen durch die Zoll- und Eisenbahnverwaltung werden die Kosten der Heizung, Beleuchtung und Reinigung von der Eisenbahnverwaltung allein getragen.

Anm. 3. Vgl. auch Anm. 19 zu § 14.

Anm. 4. Die Gebäudesteuer wird gesetzmäßig alle 15 Jahre einer Revision unterzogen. Die Erhöhung der Nutzungswerte kann durch die inzwischen eingetretene allgemeine Steigerung der Mieten pp. oder Anbauten wie Waschküchen, Aborten pp. begründet werden. Die Amtsräume sind steuerfrei.

Ein Einspruch gegen die Veranlagung der Gebäude und der dazu ermittelten Hofräume und Hausgärten kann nur unter Einhaltung der gesetzlichen Ausschlußfrist (s. § 4 des Ges. v. 14. 7. 1873 betr. Aufhebung direkter Staatssteuern u. § 10 des Gebäudesteuerges. v. 21. 5. 1861, G.S. S. 317), von 4 Wochen, vom Tage der Zustellung ab gerechnet, erhoben werden.

Der Tag der Zustellung ist daher auf den Auszügen aus den Veranlagungsverhandlungen zu vermerken.

Anm. 5. F. M. E. v. 8. 8. 1900 III 5508 und 20. 8. 1905 III 10 775.

Die den Oberzollinspektoren beigelegte Befugnis zur selbstständigen Zahlungsanweisung wegen der auf die Staatskasse zu übernehmenden Beträge an Gemeinde-, Grund- und Gebäudesteuern und anderen auf gesetzlicher Grundlage beruhenden Abgaben für bereits bestehende unverändert bleibende Belastungen dieser Art (unter Anzeige an die Oberzolldirektion) ist auch auf die Fälle ausgedehnt worden, in denen nur infolge Herabsetzung der Zuschlagsbruchteile zu den staatlich veranlagten Steuern oder den sonst bestehenden Einheitssätzen ein Minderbetrag an Abgaben gegen das Vorjahr gefordert wird.

Anm. 6. Hinsichtlich der Entschädigungen, welche die Inhaber von Dienstwohnungen, die zugleich Amtsräume enthalten, für Wasserverbrauch und Zentralheizung zu entrichten haben, vgl. die Anm. 12 bis 20 zu § 14.

§ 17.

Ausnahme zugunsten der Unterbeamten.

Unterbeamte haben nur die in dem § 14 sub litt. a, h, i, k und l aufgeführten Leistungen zu erfüllen. Als Unterbeamte im Sinne dieses Regulativs gelten die in Gemäßheit

des Gesetzes vom 24. Februar 1877, betreffend die Umzugskosten der Staatsbeamten (GS. S. 15) § 1 Nr. VIII. zu den Unterbeamten zu zählenden Staatsbeamten [1–2].

Anm. 1. Ausf.-Verf., Nr. 5 pp. Ausgeschlossen hiervon (d. h. von den Unterbeamten) bleiben diejenigen Beamten, welche nach § 1 ad VII im Artikel I des Ges. v. 28. 6. 1875, betr. die Abänderung des Ges. v. 24. 5. 1873 über die Tagegelder und Reisekosten der Staatsbeamten (G.S. S. 370), zu einem Tagegelde von 4,50 Mark berechtigt sind und dementsprechend zu der Klasse VII im § 1 des gedachten Umzugskostengesetzes gezählt werden.

Anm. 2. Das Gesetz v. 24. 5. 1873 ist durch das Gesetz v. 21. 6. 1897 abgeändert worden. Nach dem letzteren beziehen die unter VII bezeichneten Beamten an Stelle des früheren Tagegeldes von 4,50 Mark vom 1. 10. 1897 ab ein solches von 6 Mark. Die Vergünstigungen des § 17 des Reg. kommen demnach im Bereich der Zollverwaltung zugute den Boten, Dienern bei den Provinzialverwaltungen, den Erhebern der Kommunikationsabgaben, den Torwärtern, Amtsdienern, Gewichtssetzern, Bootsleuten und ähnlichen Unterbeamten sowie den Schiffern, Matrosen und Heizern auf Wacht- und Kreuzerschiffen.

(Anstelle der früheren §§ 18—22 getretene Bestimmungen.)

Sofern die Dienstwohnung nicht im Etat als freie bezeichnet und dem Beamten als solche bewilligt ist, hat dieser für ihre Benutzung eine Vergütung an die Staatskasse zu leisten.

Diese Vergütung wird bezüglich etatsmäßiger Beamten auf die für sie in Betracht kommenden Sätze des Wohnungsgeldzuschusses festgesetzt [1–6]) und durch deren Einbehaltung nach § 4 Abs. 2 des Gesetzes vom 12. Mai 1873, betreffend die Gewährung von Wohnungsgeldzuschüssen (GS. S. 209), beglichen.

Bezüglich außeretatsmäßiger Beamten, welche ein monatsweise zahlbares Diensteinkommen beziehen, ist sie nach Hundertteilen dieses Diensteinkommens zu bemessen und nach der Klasseneinteilung abzustufen, wie solche in Gemäßheit des Gesetzes vom 25. Juni 1868, betreffend die Quartierleistung für die bewaffnete Macht während des Friedenszustandes (Bundes-Gesetzblatt S. 523), durch den jeweiligen Servistarif gegeben ist. Danach beträgt die zu zahlende Vergütung:

in Orten der Servisklasse				A	10	vom Hundert,
"	"	"	"	I	7½ "	"
"	"	"	"	II	6 "	"
"	"	"	"	III	5 "	"
"	"	"	"	IV	4 "	"
"	"	"	"	V	3½ "	"

des Diensteinkommens.

Bei Veränderungen in der Servisklasseneinteilung kommt mit dem Beginne des auf ihre Verkündigung folgenden Kalendervierteljahres der veränderte Satz der Mietsvergütung zur Anwendung.

Tagegeldempfänger sind von Entrichtung der Mietsvergütung frei zu lassen[7]).

Beamte (mit Einschluß der Militäranwärter), welchen die einstweilige Verwaltung einer Dienststelle übertragen und hierbei die mit der Stelle verbundene Dienstwohnung angewiesen worden ist, können für die Dauer dieses Verhältnisses von der Leistung der Vergütung entbunden werden[8—9]).

Anm. 1. Für solche Dienstwohnungen, welche sich außerhalb des amtlichen Standortes des Beamten befinden, ist stets der Ort, auf dessen Gebiet die Wohnung liegt, für die Höhe des Mietsabzuges maßgebend. Hiernach kann der Fall eintreten, daß für einen und denselben Beamten bei Berechnung der Mietsvergütung und des der Kürzung derselben zugrunde zu legenden Wohnungsgeldzuschußbetrages verschiedene Serviskassen in Betracht kommen.

Anm. 2. Für den Fall, daß ein Beamter ohne an einen andern Ort versetzt zu sein, aus dienstlichen Gründen gehalten ist, eine Dienstwohnung zu übernehmen, während er noch den Mietzins für seine Privatwohnung zu entrichten hat, ist eine bestimmte Vorschrift nicht angegeben. In solchem Falle wird der Beamte entweder von der Entrichtung der Mietsvergütung für die Dienstwohnung befreit oder für die doppelte Mietszahlung auf die eine oder andere Art entschädigt.

Anm. 3. F. M. E. v. 6. 9. 1881 III 11365, II 9246, I 11582; M. d. J. I A 6709.

Nachdem durch die Rundverfügung vom 16. 3. 1881 (Min. Bl. f. d. inn. Verw. S. 78) angeordnet worden ist, daß bei der Berechnung des neuen Diensteinkommens eines wieder beschäftigten Pensionärs in Anwendung der Vorschriften des § 27 Nr. 2 und des § 29 des Pensionsgesetzes v. 27. 3. 1872 (G.S. S. 268) der Wert der dem Beamten in seiner neuen Stellung gewährten Dienstwohnung oder sonstigen Wohnungskompetenz fortan nach dem tarifmäßigen Satze des Wohnungsgeldzuschusses der neuen Stelle zu bestimmen ist, erscheint es geboten, bei Berechnung der in Rede stehenden Art in gleicher Weise den Wert der in der früheren Stelle verliehenen Dienstwohnungskompetenz festzustellen.

Unter gleichzeitiger Aufhebung der entgegenstehenden Bestimmungen der Zirk.-Verf. v. 13. 10. 1876 (Min. Bl. f. d. inn. Verw. S. 257) ist demgemäß zukünftig zu verfahren.

Anm. 4. Nach dem F. M. E. v. 25. 7. 1883 III 9050 ist in betreff der Berechnung der Hälfte des Diensteinkommens eines vom Amte suspendierten Beamten in bezug auf das Emolument der Dienstwohnung folgendes bestimmt:

Wenn suspendierte Beamte eine freie Dienstwohnung inne haben oder eine Mietsentschädigung beziehen, so kommt bei der Bestimmung des Betrages, der ihnen nach § 51 des Disziplinargesetzes v. 21. 7. 1852 während der Suspension zu gewährenden Hälfte ihres Diensteinkommens nicht allein ihre Besoldung, sondern auch das ihnen etatsmäßig zustehende Emolument der freien Dienstwohnung bezw. die statt derselben zu gewährende Mietsentschädigung in Betracht. In Rücksicht hierauf ist es erforderlich, daß bei der Suspension eines Beamten, der eine freie Dienstwohnung inne hat, sogleich eine Entscheidung darüber getroffen wird, ob und zu welchem Zeitpunkte derselbe die Wohnung räumen soll. Von dem Tage der Räumung an ist dem suspendierten Beamten neben der Hälfte der Besoldung, die ihm für die Zeit der Suspension gebührt, die Hälfte des etatsmäßigen Betrages der Mietsentschädigung zu gewähren.

Die baldige Entfernung eines suspendierten Beamten aus der ihm überwiesenen freien Dienstwohnung wird in der Regel durch das Interesse des Dienstes geboten sein, sie wird aber auch im Interesse der Staatskasse liegen, sofern durch Überlassung der Dienstwohnung an den Stellvertreter die dem letzteren zu gewährende Remuneration vermindert werden kann.

Ist ausnahmsweise die sofortige Räumung weder durch das Interesse des Dienstes noch durch das der Staatskasse geboten, so ist der suspendierte Beamte in der Dienstwohnung vorläufig zu belassen, hat sich jedoch ausdrücklich der Verpflichtung zu unterwerfen, dieselbe jederzeit auf Verlangen zu räumen. Der suspendierte Beamte hat in diesem Falle eine besondere Entschädigung für die ihm gestattete weitere Benutzung der Wohnung zu entrichten.

Für den Fall der Suspension eines Beamten, der eine Dienstwohnung gegen Entrichtung einer Mietvergütung inne hat, bewendet es bei der Bestimmung im Schlußsatze des Erlasses v. 30. 12. 1873 (Z. Bl. S. 48).

Anm. 5. Mit dem Zeitpunkt, an welchem die bisherigen Inhaber auf Wartegeld gesetzt werden, verlieren die fiskalischen Wohnungen der Beamten den Charakter der Dienstwohnungen, so daß auf jene die für die Vergütung für Benutzung von Dienstwohnungen erlassenen Bestimmungen nicht mehr in Anwendung zu bringen sind. Für die fernere Benutzung der Wohnung durch den Wartegeldempfänger ist eine den örtlichen Verhältnissen pp. entsprechende Miete festzusetzen. Gewöhnlich wird diese Miete auf einen dem entsprechenden Prozentsatz von dem Wartegeld gleichkommenden Betrag bestimmt.

Anm. 6. F. M. E. v. 8. 1. 1893 III 16167, Z. Bl. S. 132.

Sämtliche Stellenzulagen einschließlich der Postenführerzulagen sind, seitdem sie als ein persönliches Diensteinkommen zu behandeln sind, auch bei der Berechnung der nach dem Dienstwohnungen-Regulativ von den Beamten zu entrichtenden Vergütung für Dienstwohnungen in Betracht zu ziehen.

Wo bei der Anmietung von Dienstwohnungen seitens der Verwaltung dem Vermieter ein Prozentsatz des Gehalts der diese Wohnungen benutzenden Beamten als Miete zugesichert ist, liegt kein Grund vor, dem Vermieter daneben auch den entsprechenden Prozentsatz von der Stellenzulage zu gewähren.

Letztere ist nur dann zu berücksichtigen, wenn die Miete nach dem Diensteinkommen der Beamten berücksichtigt wird.

Anm. 7. Wird eine in einem fiskalischen oder angemieteten Gebäude belegene Wohnung an eine nicht zu den „Beamten" gehörige Person (z. B. Nachtwächter, Arbeiter gegen Tagelohn pp.) überlassen, so ist die besondere Festsetzung der Miete nach den ortsüblichen Preisen usw. erforderlich.

Anm. 8. F. M. E. v. 7. 10. 1898 III 13446.

Zollpraktikanten, die eine mit Dienstwohnung verbundene freie Grenzaufseherstelle zu ihrer Ausbildung verwalten, haben für die Dienstwohnung Vergütung zu zahlen. Die Zollpraktikanten sind auch dann, wenn sie eine Grenzaufseherstelle verwalten, als außeretatsmäßige Beamte anzusehen, die in ihrem Diensteinkommen eine Entschädigung für die Beschaffung einer Wohnung mitbeziehen und daher, wenn ihnen eine Dienstwohnung überwiesen wird, für deren Benutzung eine Mietvergütung an die Staatskasse zu leisten haben, die in Höhe der regulativmäßig festgesetzten Säße nach ihrem jeweiligen Diensteinkommen zu bemessen ist.

Anm. 9. Wegen der Miete für Gebäude, Grundstücke und Dienstwohnungen vgl. auch § 25 der Etatsvorschriften für die Zollverwaltung v. 6. 3. 1908, Z.Bl. S. 141 (Beilage).

§ 23.

Für die Benutzung von Gärten[1—3]), welche nach der von dem Verwaltungschef zu treffenden Entscheidung als Zubehör der Dienstwohnung anzusehen sind, ist eine Vergütung an die Staatskasse nicht zu entrichten.

Anm. 1. Ausf.=Verf., Nr. 7 pp. Es wird dieses (die entschädigungsfreie Benutzung) in der Regel zutreffen, wenn Gärten nur für die Erholung des Inhabers oder für die Erzielung von Gemüsen oder Gartenfrüchten seines Haushaltsbedarfs bestimmt sind und ihre Lage eine andere Verwertung nicht tunlich erscheinen läßt. Sind die Gärten jedoch nach dem Umfange ihres Areals für eine landwirtschaftliche Nutzung oder vermöge ihrer abgesonderten Lage zu Einzelverpachtung geeignet, so ist für den Genuß einer derartigen Nutzung von dem Wohnungsinhaber eine derselben entsprechende und durch sachverständige Schätzung zu ermittelnde Vergütung zu zahlen. Walten in Fällen vorstehender Art Zweifel ob, so ist die Entscheidung des F. M. einzuholen. Insoweit von dem Wohnungsinhaber für die Benutzung von Gärten bisher eine Vergütung entrichtet ist, behält es hierbei bis auf weiteres sein Bewenden.

Anm. 2. F. M. E. v. 6. 11. 1886 III 12171.

Wenn den Zollbeamten zu ihren Dienstwohnungen gehörige Nutzungen von Grundstücken seitens der Verwaltung gegen Pachtgeld überlassen werden, so haben die Beamten das Pacht- oder Nutzungsgeld nach Maßgabe der Zeit, während der sie in der mit der Nutzung verbundenen Dienststelle verbleiben, zu entrichten. Dabei macht es keinen Unterschied, ob bei Überweisung der Nutzung der zu zahlende Betrag der Pacht für eine Jahresfrist oder einen geringeren Zeitraum angegeben worden ist, oder ob wegen klimatischer Verhältnisse während einzelner Monate ein Gewinn von dem überlassenen Grundstück nicht gezogen werden kann.

Anm. 3. Vgl. auch Anm. 26—28 zu § 14.

§ 24.

Insoweit Beamten die Benutzung von Dienstwohnungen zur Zeit des Inkrafttretens dieses Regulativs gegen eine geringere Vergütung verstattet ist, tritt die Berechnung der höheren Vergütung erst in dem Falle ein, wenn dem Wohnungsinhaber eine das Mehr der Vergütung übersteigende Erhöhung seines Diensteinkommens zu Teil wird.

§ 25.

Dienstwohnungen mit Repräsentation.

In Betreff der Dienstwohnungen, die einer Ausstattung mit Mobiliar, Tafel-, Haus- und Wirtschaftsgerät bedürfen, bleiben die Vorschriften des Allerhöchsten Erlasses vom 24. Juni 1861, in Betreff der Dienstwohnungen der Minister diejenigen des Allerhöchsten Erlasses vom 12. Februar 1866 und bezüglich der Gärten diejenigen des Allerhöchsten Erlasses vom 19. November 1862 maßgebend.

§ 26.

Mobilien und Ausstattungsgegenstände, welche auf Kosten des Staats für die Repräsentationsräume einer Dienstwohnung beschafft und bei diesem im Inventarium (§ 5 litt. b) verzeichnet sind, dürfen von dem Wohnungsinhaber in anderen Räumen nicht verwendet werden.

§ 27.

Bei Dienstwohnungen mit Repräsentationsräumen [1]) werden in letzteren sämtliche für Wiederherstellung oder Erneuerung der Wand- und Deckenflächen, mögen sie getüncht, gefärbt, gemalt, tapeziert oder mit plastischer Bekleidung ausgestattet sein, erforderlichen Ausgaben, ingleichen die Kosten für Unterhaltung und Erneuerung des Anstrichs der inneren Türen und Fenster, der Paneele, hölzernen Verschläge und Wandschränke, sowie für Beschaffung und Unterhaltung von Glockenzügen oder ähnlicher Vorrichtungen zum Herbeirufen des Gesindes, von der Staatskasse getragen.

Anm. 1. F. M. E. 1. 9. 1908 III 15 218.

In den letzten Jahren haben sich auch die Ansprüche an Dienstwohnungen, insbesondere an solche Dienstwohnungen, die staatlich anerkannte Repräsentationsräume enthalten, sowohl in bezug auf die erstmalige Einrichtung und Ausstattung als an die regelmäßige Unterhaltung erheblich gesteigert, so daß hierin hinfort ein größeres Maßhalten geboten erscheint. Es empfiehlt sich deshalb eine besonders pflegliche Behandlung der auf Staatskosten einzurichtenden und zu unterhaltenden Räume wie ihrer Ausstattungsstücke, namentlich aber beim Wechsel eines Wohnungsinhabers eine eingehende Prüfung der Anträge auf Gewährung von Mitteln für Instandsetzungen und Neubeschaffungen. Bei Erneuerungsarbeiten an Türen und Fenstern, Decken und Wänden, bei Veränderung der Heizungsanlagen, bei Ersatz oder Ergänzung von Beleuchtungskörpern, Möbeln und Teppichen in den Repräsentationsräumen ist die Bedürfnisfrage in jedem einzelnen Falle auf das gewissenhafteste zu prüfen und in den Kostenanschlägen tunlichste Sparsamkeit zu beobachten.

Abweichungen von den genehmigten Kostenanschlägen, deren Innehaltung bei der Ausführung sich die beteiligten Baubeamten mit aller Sorgfalt angelegen sein lassen müssen, sind nur mit Zustimmung der Zentralinstanz gestattet.

Wir vertrauen Ew. pp. bei Anlässen, in denen Ihre eigene Dienstwohnung in Frage kommt, nach diesen Hinweisen zu verfahren und bei anderen Dienstwohnungen gegenüber den persönlichen Wünschen der Inhaber, wenn ihre Ansprüche über das Übliche und Berechtigte hinausgehen, eine im staatlichen Interesse gebotene Zurückhaltung zu üben.

§ 28.

Gehört zu Dienstwohnungen, deren Inhabern eine Repräsentation obliegt, ein Garten, so fällt die Unterhaltung desselben der Staatskasse zur Last. Welche Dienstwohnungen hierher zu rechnen sind, wird durch den Verwaltungschef im Einvernehmen mit dem Finanzminister bestimmt. Die Unterhaltungskosten der Gärten sind zu veranschlagen und in den Kassenetats als Unterfonds zu vermerken.

§ 29.

Verfahren bei Veränderungen in den Dienstwohnungen.

Veränderungen[1—2]) in der Anordnung und Ausstattung der Dienstwohnungen nebst Zubehör sind nur unter Zustimmung der Aufsichtsbehörde und Berichtigung des Inventars (§§ 4ff.) statthaft.

Anm. 1. (Zirk.-Verf., F. M. E. v. 5. 3. 1868 III 4860, Nr. 21.

Falls bauliche Einrichtungen in Dienstwohnungen ohne zuvorige Genehmigung der vorgesetzten Behörde — soweit diese bestimmungsmäßig erforderlich ist — vorgenommen werden, ist die Verwaltung berechtigt, die bezügliche Kostenforderung zurückzuweisen.

Anm. 2. F. M. E. v. 4. 8. 1906 III 12178, I 13238, Z. Bl. S. 1337.

Werden Räume in staatlichen Dienstwohnungen durch Einziehen neuer oder Versetzen vorhandener Scheidewände verändert, ohne daß dabei die Raumfläche der Wohnung im ganzen eine Vergrößerung erfährt, so bedarf es zu solchen gemäß § 58 der Dienstanweisung für die Lokalbaubeamten der Staatshochbauverwaltung in der Regel unter bauamtlicher Mitwirkung auszuführenden Änderungen nicht der Genehmigung des Fin.-Min.

§ 30.

Die Aufsichtsbehörde hat bei Genehmigung des Gesuchs zu bestimmen:

a) ob bei der Rückgewähr der frühere Zustand wieder herzustellen oder die Abänderung beizubehalten ist;

b) ob letzteren Falls der für die Staatskasse sich ergebende Vorteil dazu angetan erscheint, einen Beitrag aus Staatsmitteln zu den Herstellungskosten entweder sofort oder bei der Rückgewähr bei dem Verwaltungschef in Antrag zu bringen.

§ 31.

Dienstwohnungen in gemieteten Gebäuden.

Auf Dienstwohnungen, welche vom Staate angemietet sind, findet dieses Regulativ nur insoweit Anwendung, als es die besonderen Verhältnisse des einzelnen Falles, insbesondere der abgeschlossene Mietsvertrag gestatten[1—2]). Sind

von der Behörde in dem Mietsvertrage besondere Verpflichtungen in Betreff der Unterhaltung der Räume oder ihrer Zubehörungen übernommen, so hat der Wohnungsinhaber für Erfüllung solcher Verabredungen in der Regel nur insoweit aufzukommen, als Verpflichtungen gleicher Art den Inhaber einer Dienstwohnung in einem Staatsgebäude treffen würden, während alle weitergehenden Verpflichtungen dem Staate zur Last fallen.

Die nähere Festsetzung hierüber bleibt im Einzelfalle dem Verwaltungschef vorbehalten.

Anm. 1. F.M.E. v. 4. 11. 1875 III 14479.

In allen Fällen, in denen es bei Anmietung von Dienstwohnungen und Lokalen nicht gelingt, die Vermieter zur Hergabe der für die gemieteten Räume notwendigen Öfen und sonstigen Feuerungseinrichtungen zu bestimmen, sind die unbedingt erforderlichen Stuben- und Kochöfen nicht nur für die eigentlichen Diensträume, sondern auch für die als Dienstwohnungen gemieteten Räumlichkeiten für Rechnung der Verwaltung zu beschaffen. Die Unterhaltung der für die Dienstwohnungen beschafften und im Eigentum der Verwaltung verbleibenden Öfen pp. ist aber von den Wohnungsinhabern soweit zu übernehmen, als in Staatsdienstgebäuden die Beamten, welchen Dienstwohnungen überwiesen sind, die in letzteren befindlichen Öfen und Kochherde regulativmäßig zu unterhalten haben. — Hiernach werden in Fällen, in denen von der Verwaltung angemietete Dienstwohnungen ohne die nötigen Feuerungsanlagen den Beamten angewiesen werden, die von der letzteren entweder käuflich oder mietsweise beschafften Öfen und Kochherde für Rechnung der Verwaltung anzukaufen und wird den Nutznießern der Wohnungen nur die Unterhaltspflicht der fraglichen Inventarienstücke aufzuerlegen sein.

Bei künftiger Anmietung von Dienstwohnungen und Lokalen soll, soweit tunlich, dahin gewirkt werden, daß die Vermieter die Öfen usw. in den Räumlichkeiten für eigene Rechnung beschaffen und diese mit den Öfen an die Verwaltung vermieten.

Anm. 2. Die für angemietete Wohnungen auf Staatskosten beschafften Öfen und Kochherde sind im hauptamtlichen Mobiliar-Inventarium nachzuweisen. Bei derartigen Anschaffungen ist auf den betreffenden Rechnungen oder Berechnungen die Inzugangstellung zu bescheinigen.

§ 32.

Bei Dienstwohnungen in angemieteten Räumen darf die Aufnahme eines Inventars (§ 4) unterbleiben, sofern der Mietsvertrag die erforderlichen Angaben in ausreichender Übersichtlichkeit enthält.

§ 33.

Schlußbestimmungen.

Das vorstehende Regulativ tritt für den ganzen Umfang der Monarchie mit dem 1. April 1881 in Kraft.

Die entgegenstehenden Vorschriften, namentlich das Regulativ vom 18. Oktober 1822 und die dasselbe ergänzenden und abändernden Bestimmungen sind aufgehoben[1]).

Das Regulativ findet auch auf die Beamten Anwendung, welche sich am 1. April 1881 im Genusse einer Dienstwohnung befinden. Nur für diejenigen dieser Beamten, denen zur Zeit des Inkrafttretens dieses Regulativs ein Rechtsanspruch auf eine besondere Behandlung hinsichtlich der Unterhaltungspflicht ihrer Dienstwohnungen zusteht, bewendet es auf deren Verlangen lediglich bei den jenen Anspruch begründenden Vorschriften.

Anm. 1. Vgl. auch Anm. 1 zu § 1.

§ 34.

In zweifelhaften Fällen bei Anwendung dieses Regulativs entscheidet der Verwaltungschef im Einvernehmen mit dem Finanzminister.

Anhang.

Zusammenstellung

der wichtigsten Befugnisse der einzelnen Dienststellen der Zollverwaltung in Bausachen.

Für die Leistung der Ausgaben der Zollverwaltung bildet die Grundlage der Staatshaushaltsetat in Verbindung mit dem Spezialetat der Verwaltung. Auf Grund dieses Etats fertigt das Finanzministerium den Kassenetat für jede Oberzolldirektion aus, womit es dieser Behörde ihre Ausgabefonds bewilligt. Die Oberzolldirektion überweist den Hauptamtsleitern und den Amtsvorständen der unteren Hebestellen besondere Summen für die zu ihrer Verfügung gestellten Fonds.

I. Die Befugnisse der Hauptamtsleiter.

Sie dürfen über die Ausführung kleiner Ausbesserungen an den Dienstgebäuden und über die zur Unterhaltung der Dienstwohnungen der unterstellten Beamten erforderlichen Arbeiten — soweit die Kosten der letzteren überhaupt der Staatskasse zur Last fallen — selbständig befinden und die Kosten zur Zahlung anweisen, wenn im einzelnen Falle die gleichzeitig entstehenden Kosten der aus einem und demselben Anlasse nötig werdenden Herstellungen nicht mehr als 50 Mark betragen. Zur Bestreitung dieser Ausgaben wird den Hauptamtsleitern aus dem der Oberzolldirektion etatsmäßig bewilligten Baufonds ein Betrag überwiesen, der ohne Genehmigung der Direktion nicht überschritten werden darf (s. § 77 Ziff. 7 der Etatsvorschriften).

Zu den kleinen Ausbesserungen an den Dienstgebäuden (und Wasserfahrzeugen) sind nach dem F. M. E. v. 30. 6. 09 III 10495, Z. Bl. S. 228, nicht lediglich die infolge Abnützung erforderlich werdenden Wiederherstellungen, also nicht nur die Ausbesserungen im engeren Sinne, sondern allgemein kleine Instandsetzungsarbeiten baulicher Art zu rechnen, auch wenn damit Neuanschaffungen verbunden sind.

II. Die Befugnis der Oberzolldirektionen zur selbständigen Anordnung von Bauten regelt § 77, 2 der Etatsvorschriften.

Sie befinden innerhalb der Grenzen des ihnen bewilligten Fonds über die Ausführung von Bauten, die für die Zollverwaltung an Amtsgebäuden und Dienstwohnungen nötig werden, insoweit selbständig, als der Anschlagsbetrag bei Neubauten die Summe von 3000 Mark und bei Ausbesserungsarbeiten die Summe von 9000 Mark im einzelnen nicht übersteigt.

Eine Überschreitung des bewilligten Fonds ist nur nach zuvoriger Genehmigung des Finanzministers zulässig. Bei allen an sie herantretenden Anträgen auf bauliche Herstellungen hat die Oberzolldirektion sorgfältig zu prüfen, was lediglich wünschenswert, was unbedingt notwendig ist. Nach diesem Gesichtspunkte stellt sie für jedes Etatsjahr über die Verwendung des aus dem Baufonds nach Absetzung der aus früheren Etatsjahren etwa unberichtigt gebliebenen und der den Hauptamtsleitern überwiesenen Summen verbleibenden Betrages einen Bauplan auf. Erst wenn nach Aufstellung des Bauplanes und Zurückstellung eines angemessenen Betrages für unvorhergesehene dringliche bauliche Herstellungen (wie sie namentlich im Winter häufig erforderlich werden) weitere Mittel verfügbar bleiben, dürfen solche Herstellungen ausgeführt werden, die nicht unbedingt erforderlich, sondern nur nützlich und erwünscht sind. Ergibt sich bei Feststellung des Bauplanes, daß die verfügbaren Mittel auch zur Ausführung unaufschiebbarer Arbeiten nicht ausreichen, oder tritt später die Notwendigkeit dringender baulicher Herstellungen von solchem Umfange ein, daß die Kosten voraussichtlich aus dem für unvorhergesehene Fälle zurückgestellten Betrage nicht zu bestreiten sein werden, so ist die Überweisung weiterer Mittel unter Vorlegung des Bauplanes und seiner Unterlagen rechtzeitig beim Finanzminister zu beantragen.

Für die Aufsicht über die Bautätigkeit selbst und die Abnahme der Bauten sind die Oberzolldirektion bezw. die ihr unterstellten Organe nur soweit zuständig, als es sich um bauliche Herstellungen handelt, für deren Ausführung nicht mehr als 500 Mark Kosten entstehen. In diesen Fällen haben die Prüfung und Bescheinigung der von den Handwerkern und Lieferern eingereichten Anschläge und Kostenrechnungen bei Bauten im Bezirke der Hauptämter die Oberzollinspektoren, bei solchen in den Diensträumen und an den Gebäuden der Oberzolldirektion der Rechnungsdirektor vorzunehmen. Nur wenn wesentliche Änderungen am bestehenden Bauwerke oder solche Vorkehrungen bezweckt werden, die besondere Sachkenntnis erfordern, oder wenn eine Prüfung der Bauhandwerkerrechnungen hinsichtlich der Angemessenheit ihrer Kostenansätze nötig erscheint, ist die Mitwirkung der Beamten der allgemeinen Bauverwaltung zu erfordern.

Alle Bauten, die einen Kostenaufwand von mehr als 500 Mark erfordern, sind von der Veranschlagung bis zur Kostenberechnung den Regierungen bezw. den ihnen unterstellten Baubeamten übertragen. Jedoch hat der Präsident der Oberzolldirektion bei diesen Bauten die Befugnis und Verpflichtung, sich an der Feststellung der Baupläne zu beteiligen und sich im Laufe der Bautätigkeit von der Güte und Zweckmäßigkeit der ausgeführten Arbeiten — gegebenenfalls durch die unterstellten Beamten — Überzeugung zu verschaffen; auch dürfen den Baubeamten etwa erforderlich erscheinende, nachträgliche Abänderungen der festgestellten Baupläne nicht ohne sein Einverständnis von den Regierungen vorgenommen werden.

Nach Beendigung und Abnahme des Baues erfolgt durch die Oberzolldirektion die endgültige Anweisung der Baukosten und der von ihr auf diese etwa vorschußweise angewiesenen Abschlagszahlungen. Zur baldigen Befriedigung der Handwerker und Lieferer sind die Kosten ungesäumt nach der Fälligkeit der Forderungen anzuweisen. Ergibt sich bei der endgültigen Berechnung, daß die Summe der liquidierten Kosten den Voranschlag übersteigt, so sind hinsichtlich der Zahlungsanweisung folgende Fälle zu unterscheiden:

a) Die Überschreitung bleibt innerhalb der Grenzen der Befugnis der Oberzolldirektion zur selbständigen Anordnung von Bauten und innerhalb des ihr bewilligten Baufonds.

b) Die entstandenen Kosten übersteigen die der Oberzolldirektion für die selbständige Anordnung von Bauten gesetzte Grenze (3000 bezw. 9000 Mark).

c) Durch die Mehrforderungen wird der der Oberzolldirektion bewilligte Baufonds überschritten.

Im ersten Falle ist die Zahlungsanweisung unabhängig von der für die Entscheidung über die Genehmigung der Anschlagsüberschreitung etwa erforderlichen Ermittelungen sogleich zu erteilen, wenn gegen die Forderungen und die Zahlungspflicht der Verwaltung an sich Bedenken nicht bestehen und die Auszahlung auch nicht aus anderen Gründen zu beanstanden ist. Etwaige Ersatzansprüche gegen Beamte, deren Anordnungen die Anschlagsüberschreitung veranlaßt haben, werden dadurch nicht berührt.

Im Falle zu b ist in gleicher Weise zu verfahren; jedoch ist zu der Verausgabung die nachträgliche Genehmigung des Finanzministers einzuholen.

Für den Fall, daß durch Mehrforderungen der Baufonds der Oberzolldirektion überschritten wird, sind die fälligen Kosten einstweilen vorschußweise zu verausgaben. Da Etatsüberschreitungen beim Baufonds, außer wenn es sich um rechtlich gebotene oder dringend notwendige, unaufschiebbare Ausgaben handelt, der zuvorigen Genehmigung des Finanzministers bedürfen, ist bei diesem eine Erhöhung des der Oberzolldirektion zur Verfügung gestellten Fonds zu beantragen, ehe die den überwiesenen Betrag überschreitenden Ausgaben endgültig zur Zahlung angewiesen werden.

Auch in den Fällen zu b und c verbleibt es bei der Zahlungsanweisung durch die Oberzolldirektion und bei der Verrechnung auf den provinziellen Baufonds.

III. Die Genehmigung zur Ausführung von Neubauten, die mehr als 3000 Mark und von Ausbesserungsarbeiten, die mehr als 9000 Mark erfordern, ist dem Finanzminister überlassen, dem auch die Verfügung über den Hauptbaufonds vorbehalten ist.

Die Anmeldung solcher Bauten bis zu einem Kostenbetrage von 30 000 Mark geschieht mit einer von den Oberzolldirektionen zu einem bestimmten Zeitpunkte eines jeden Jahres vorzulegenden Baubedarfsnachweisung, die der bauamtlich festgestellten und in der Regierungsinstanz revidierten Anschläge beizufügen sind. Auf Grund der Baubedarfsnachweisung erfolgt alsdann die Genehmigung zur Ausführung für das folgende Etatsjahr.

Tritt ausnahmsweise das Bedürfnis zur Vornahme eines Baues ein, dessen Kosten mehr als 30 000 Mark betragen, so greift wegen der Vorbereitung, Ausführung und Abrechnung folgendes Verfahren Platz.

Die Oberzolldirektion hat zunächst ein allgemeines Raumprogramm zu beschaffen, hinsichtlich des in Frage kommenden Bauplatzes auch Untersuchungen anzustellen über die sanitäre Beschaffenheit, Auskömmlichkeit, Baugrund, Wassergewinnung usw. Alsdann werden die Vorschläge dem Finanzminister eingereicht. Dieser überweist sie in Gemeinschaft mit dem Minister der öffentlichen Arbeiten der Regierung, die unter Zuziehung der Oberzolldirektion durch die Baubeamten eine Entwurfsskizze und einen Kostenüberschlag fertigen läßt. Nachdem sodann die Zentralinstanz über den Bauplatz entschieden und die vorgelegten Skizzen genehmigt hat, gehen die Vorlagen an die Regierung zurück, die nunmehr von den Lokalbaubeamten spezielle Pläne und Kostenanschläge aufstellen läßt. Die fertigen Pläne werden, nachdem sie der Oberzolldirektion zu eingehender Prüfung und Äußerung vorgelegen haben, bei der Regierung vorrevidiert und dem Finanzminister und Minister der öffentlichen Arbeiten eingereicht, die nach erfolgter Superrevision wegen Bereitstellung der erforderlichen Mittel als einer einmaligen außerordentlichen Ausgabe im Staatshaushaltsetat des nächsten Jahres das Erforderliche veranlassen.

Wegen der Ausführung und Abnahme des Baues, sowie wegen der endgültigen Anweisung der Baukosten finden die Bestimmungen entsprechende Anwendung, die für die innerhalb der Kompetenz der Oberzolldirektionen auszuführenden Bauten mit einem Kostenbetrage von mehr als 500 Mark gegeben sind. —

(In ähnlicher Weise sind bei den übrigen Behörden die Befugnisse geregelt.)

Allgemeine Bestimmungen,

betreffend die Vergebung von Leistungen und Lieferungen.

(Verf. des Min. der öff. Arb. vom 23. Dezember 1905. V. D. 21100. Verf. des Fin.-Min. vom 31. Januar 1906. I. 604, II. 644, III. 1394.)

Inhaltsübersicht.

3. Mehr- oder Minderaufträge.
4. Vertragsstrafen.
5. Überwachung der Ausführung.
6. Meinungsverschiedenheiten.
7. Kosten des Vertragsabschlusses.
8. Zeugnisse für die Unternehmer.
9. Rechnungslegung.

Anlagen:

Bedingungen für die Bewerbung um Arbeiten und Lieferungen.
4 Muster zu den in Abschn. IV vorgeschriebenen Urkunden.

I. Arten der Vergebung.

(1) Leistungen und Lieferungen sind in der Regel öffentlich auszuschreiben.

(2) Mit Ausschluß der Öffentlichkeit können zu engerer Bewerbung ausgeschrieben werden:

1. Leistungen und Lieferungen, die nach ihrer Eigenart nur ein beschränkter Kreis von Unternehmern in geeigneter Weise ausführt;
2. Leistungen und Lieferungen, bezüglich deren in einer öffentlichen Ausschreibung ein annehmbares Ergebnis nicht erzielt worden ist;
3. sonstige Leistungen und Lieferungen, deren überschläglicher Gesamtwert den Betrag von 5000 Mark nicht übersteigt, sofern besondere Gründe für die Ausschreibung zu engerer Bewerbung vorhanden sind. In diesem Falle sind in der Regel mindestens drei und höchstens sechs Bewerber, bei deren Auswahl nach Möglichkeit zu wechseln ist, zur Abgabe von Angeboten aufzufordern.

(3) Unter Ausschluß jeder Ausschreibung kann die Vergebung erfolgen:

1. bei Gegenständen, deren überschläglicher Wert den Betrag von 3000 Mark nicht übersteigt;
2. bei Dringlichkeit des Bedarfs;
3. bei Leistungen und Lieferungen, deren Ausführung besondere Kunstfertigkeit erfordert oder unter Patent- oder Musterschutz steht;
4. bei Nachbestellung zur Ergänzung des für einen bestimmten Zweck ausgeschriebenen Gesamtbedarfs, sofern kein höherer Preis vereinbart wird als für die Hauptlieferung oder -Leistung.

Bei der Auswahl der Unternehmer ist nach Möglichkeit zu wechseln, auch sind dabei die ortsangesessenen Gewerbetreibenden vorzugsweise zu berücksichtigen.

II. Verfahren bei Ausschreibungen.

1. Gegenstand der Ausschreibung.

(1) Der Gegenstand der Ausschreibung ist in allen wesentlichen Beziehungen bestimmt zu bezeichnen.

(2) Über alle für die Preisberechnung erheblichen Nebenumstände sind vollständige, eine zutreffende Beurteilung der Bedeutung derselben ermöglichende Angaben zu machen.

(3) Für die Ausführung von Bauten sind zur Verabfolgung an die Bewerber bestimmte Verdingungsanschläge aufzustellen, gegebenenfalls unter Zuziehung besonderer Sachverständiger. In den Anschlägen sind sämtliche Hauptleistungen sowie die Nebenleistungen, die zwar zur planmäßigen Ausführung der Leistung oder Lieferung nach Verkehrssitte mitgehören, aber für die Preisbemessung besondere Bedeutung besitzen, ersichtlich zu machen. Soweit angängig, sind den Verdingungsanschlägen die zur Klarstellung der Art und des Umfangs der zu vergebenden Leistungen und Lieferungen geeigneten zeichnerischen Darstellungen und Massenberechnungen beizugeben.

(4) Die Verdingungsanschläge dürfen von der Behörde ermittelte Preisansätze nicht enthalten.

(5) Bei der Ausschreibung von Erdarbeiten ist den Bewerbern die Möglichkeit zu bieten, sich von dem Ergebnis der angestellten Untersuchungen über die Bodenbeschaffenheit Kenntnis zu verschaffen, auch dieserhalb selbst Untersuchungen anzustellen. Eine Gewähr für die gleiche Bodenbeschaffenheit an den Stellen, an welchen Bohrungen nicht stattgefunden haben, kann von der Verwaltung jedoch nicht übernommen werden.

(6) Bei umfangreicheren Massenberechnungen und Zeichnungen, von denen den Bewerbern Vervielfältigungen nicht zur Verfügung gestellt werden können, ist ihnen die Einsichtnahme zu gestatten.

(7) Das Verfahren des Abbietens nach Prozenten des Kostenanschlags darf nur ausnahmsweise in denjenigen Fällen angewendet werden, in denen dies für einzelne Verwaltungszweige durch besondere Vorschriften zugelassen ist. Die Abbietungen haben schriftlich zu erfolgen.

(8) Die Verdingung von Arbeiten und Lieferungen zu Bauausführungen in einer Bauschsumme ist nur im Ausnahmefalle mit Genehmigung der vorgesetzten Dienstbehörde zulässig. Auch in diesem Falle bedarf es eines bei der Verdingung als Baubeschreibung dienenden Kostenanschlags, wobei die Vorschriften unter (1) bis (3) sinngemäße Anwendung finden.

(9) Die Ausschreibungen sind tunlichst derart zu zerlegen, daß auch kleineren Gewerbetreibenden und Handwerkern die Beteiligung an der Bewerbung ermöglicht wird. Bei größeren Arbeiten oder Lieferungen, die ohne Schaden für die gleichmäßige Ausführung getrennt vergeben werden können, hat daher die Vergebung in der Regel den verschiedenen Gewerbs- und Handwerkszweigen entsprechend zu erfolgen, auch ist in geeigneten Fällen die Verdingung nach den Arbeiten und den dazugehörigen Lieferungen zu trennen. Bei besonders umfangreichen Ausschreibungen sind die auf die einzelnen Gewerbs- und Handwerkszweige entfallenden Arbeiten oder Lieferungen in mehrere Lose zu teilen.

(10) Die im späteren Verlauf des Baues auszuführenden Arbeiten sind erst auszuschreiben, wenn sie genau beschrieben und zeichnerisch dargestellt sind.

(11) Bezüglich der Beschaffenheit zu liefernder Waren und der Abmessung zu liefernder Gegenstände sind ungewöhnliche, im Handel nicht übliche Anforderungen nur soweit zu stellen, als dies unbedingt notwendig ist.

(12) Bei Lieferungen dürfen bestimmte Ursprungsorte oder

Bezugsquellen im allgemeinen nicht vorgeschrieben, bei Waren, die in geeigneter Beschaffenheit im Inlande zu haben sind, darf der ausländische Ursprung nicht zur Bedingung gemacht werden.

(13) Ist bei Lieferungen der Kenntnis der Bezugsquelle (der Fabrik) eine besondere Bedeutung für die Beurteilung der Güte beizumessen, so ist von dem Bewerber die Namhaftmachung des Fabrikanten, von dem die Waren bezogen werden sollen, zu verlangen; auch können gegebenenfalls Angaben über die zur Herstellung der Waren verbrauchten Roh- und Hilfsstoffe erfordert werden. Die Mitteilungen werden vertraulich behandelt.

2. Fristen für die Vertragserfüllung.

(1) Für die Ausführungen der Leistungen oder Lieferungen sind ausreichend bemessene Fristen unter Berücksichtigung der Lage des Marktes, der Jahreszeit und der Arbeitsverhältnisse zu bewilligen. Der Tag, an welchem spätestens mit der Ausführung begonnen sein muß, ist anzugeben.

(2) Bei fortlaufendem Bedarf sind die Lieferfristen sachgemäß zu verteilen, wobei möglichst dem Bedürfnis der Lieferer nach gleichmäßiger Beschäftigung Rechnung zu tragen ist.

(3) Muß bei dringendem Bedarf die Frist für eine Lieferung ausnahmsweise kurz gestellt werden, so ist die besondere Beschleunigung nur für die zunächst erforderliche Menge vorzuschreiben.

Bekanntmachung der Ausschreibung.

(1) Bei der Bekanntmachung öffentlicher Ausschreibungen durch Zeitungen und Fachschriften sind die dieserhalb ergangenen Vorschriften zu beachten.

(2) Die Bekanntmachungen müssen in gedrängter Form diejenigen Angaben vollständig enthalten, die für die Entschließung zur Beteiligung an der Bewerbung von Wichtigkeit sind. Insbesondere sind darin aufzuführen:

Gegenstand und Umfang der Leistung oder Lieferung nach den wesentlichsten Beziehungen, wobei die Teilung des Gegenstandes nach Handwerkszweigen, Losen usw. hervorzuheben ist;
die Frist für die Vertragserfüllung;
Ort und Zeit der Eröffnung der Angebote;
die Zuschlagsfrist;
der Preis der Verdingungsanschläge, Zeichnungen, Bedingungen und die Stellen, an denen sie eingesehen und von denen sie bezogen werden können.

(3) Bemerkungen über den Vorbehalt der Auswahl unter den Bewerbern sind in die Bekanntmachungen nicht aufzunehmen.

(4) Die Bekanntmachungskosten werden von der ausschreibenden Behörde getragen.

4. Bewerbungsfrist.

Um den Bewerbern die notwendige Zeit zur sachgemäßen Vorbereitung der Angebote zu gewähren, ist — vorbehaltlich einer durch besondere Umstände gebotenen größeren Beschleunigung — der Zeitpunkt der Eröffnung bei kleineren Arbeiten und leicht zu beschaffenden Lieferungen unter Bestimmung einer Frist von mindestens 14 Tagen, bei größeren

Arbeiten mit einer solchen von mindestens 4 Wochen, vom Tage des Erscheinens der Bekanntmachung in dem zuletzt zur Ausgabe gelangenden Blatte an gerechnet, festzusetzen.

5. Zuschlagsfrist.

(1) Die Zuschlagsfristen sind in allen Fällen, insbesondere aber bei Lieferungen solcher Waren, deren Preise häufigen Schwankungen unterliegen, möglichst kurz zu bemessen.

(2) Die Zuschlagsfrist darf in der Regel den Zeitraum von 14 Tagen nicht übersteigen. Ist eine Genehmigung höherer Instanzen erforderlich, so ist die Frist auf längstens 4 Wochen zu bemessen.

6. Bedingungen für die Bewerbung um Arbeiten und Lieferungen.

(1) Den öffentlichen Ausschreibungen sind die in der Anlage zusammengestellten, von Zeit zu Zeit öffentlich bekannt zu machenden Bedingungen zugrunde zu legen.

(2) In den Ausschreibungen selbst ist demnächst nur auf diese Bekanntmachungen zu verweisen.

(3) Auf das Verfahren bei engeren Ausschreibungen finden diese Bedingungen mit der Maßgabe entsprechende Anwendung, daß für die Verdingungsanschläge, Zeichnungen, Bedingungen usw., die den zur Bewerbung aufgeforderten Unternehmern zugestellt werden, eine Erstattung von Kosten nicht beansprucht wird.

7. Eröffnung der Angebote.

(1) Zu der Verhandlung über die Eröffnung der Angebote werden nur die Bewerber und deren Vertreter, nicht aber unbeteiligte Personen zugelassen.

(2) Die eingegangenen Angebote werden im Beisein der Erschienenen eröffnet und — mit Ausschluß der darin enthaltenen Angaben über Bezugsquellen und die zu verwendenden Stoffe — verlesen, soweit dies zur Klarstellung des Verdingungsergebnisses erforderlich erscheint. Bis dahin sind die Angebote unter Verschluß zu halten.

(3) Über den Gang der Verhandlung wird eine Niederschrift angefertigt, in der die Angebote in der Reihenfolge des Eingangs aufzuführen sind. Die Angebotsschreiben werden mit fortlaufender Nummer bezeichnet, der Niederschrift beigefügt und von dem die Verhandlung leitenden Beamten mit seiner Namensunterschrift versehen.

(4) Die Niederschrift wird verlesen und von den erschienenen Bewerbern und Vertretern mit vollzogen. Eine Veröffentlichung der Angebote sowie der Niederschrift ist den Beamten nicht gestattet, jedoch können die Bewerber auf ihre Kosten Auszüge daraus erhalten.

(5) Nachträgliche Angebote bleiben unberücksichtigt.

(6) Gehen Angebote nach dem Beginn der Verhandlung ein, so sind sie in der Niederschrift als verspätet eingegangen zu bezeichnen. Solche Angebote werden nur dann berücksichtigt, wenn sie noch vor der Eröffnung des ersten Angebots dem die Verhandlung leitenden Beamten von dem Bewerber oder seinem Vertreter persönlich eingehändigt worden sind, oder wenn das verspätete Eintreffen durch Umstände verursacht wird, die außer aller Schuld des Bewerbers liegen, auch die

Möglichkeit ausgeschlossen ist, daß das Ergebnis der Verdingung bei Abfassung des Angebots bekannt war.

(7) Sofern die Feststellung des annehmbarsten Gebotes (vergl. unter 8) besondere Ermittelungen nicht erfordert, und der die Verhandlung leitende Beamte zur selbständigen Entscheidung über den Zuschlag zuständig ist, kann die Erteilung des Zuschlages in der von dem gewählten Unternehmer mit zu vollziehenden Niederschrift erfolgen.

8. Zuschlagserteilung.

(1) Die niedrigste Geldforderung als solche darf für die Entscheidung über den Zuschlag keineswegs den Ausschlag geben.

(2) Der Zuschlag darf nur ein in jeder Beziehung annehmbares, die tüchtige und rechtzeitige Ausführung der betreffenden Leistung oder Lieferung gewährleistendes Gebot erteilt werden.

(3) Es sind nur solche Bewerber zu berücksichtigen, welche für die bedingungsmäßige Ausführung sowie für die Erfüllung ihrer Verpflichtungen gegenüber ihren Handwerkern und Arbeitern die erforderliche Sicherheit bieten. Bewerber, von denen der ausschreibenden Behörde bekannt ist, daß sie ihren Beitragspflichten bei der Kranken-, Unfall- und Invalidenversicherung nicht nachzukommen pflegen, sind ausgeschlossen.

(4) In geeigneten Fällen sind die zuständigen Interessenvertretungen (Handwerks-, Handels- oder Landwirtschaftskammern) um Auskunft über die Leistungsfähigkeit nicht hinreichend bekannter Unternehmer zu ersuchen.

(5) Ausgeschlossen von der Berücksichtigung sind folgende Angebote:

a) die den der Ausschreibung zugrunde gelegten Bedingungen oder Proben nicht entsprechen;
b) die nach den von den Bewerbern eingereichten Proben für den vorliegenden Zweck nicht geeignet sind;
c) die eine in offenbarem Mißverhältnis zur der Leistung oder Lieferung stehende Preisforderung enthalten, so daß nach dem geforderten Preise an und für sich eine tüchtige Ausführung nicht erwartet werden kann.

(6) Nur ausnahmsweise darf in dem letzteren Falle (zu c) der Zuschlag erteilt werden, sofern der Bewerber als zuverlässig und leistungsfähig bekannt ist und ausreichende Gründe für die Abgabe des ausnahmsweise niedrigen Gebotes beigebracht sind oder auf Befragen beigebracht werden.

(7) Die Bedürfnisse an landwirtschaftlichen Erzeugnissen sind, soweit dies ohne Schädigung fiskalischer oder anderer allgemeiner Interessen und ohne grundsätzliche Ausschließung des Handels ausführbar ist, tunlichst unmittelbar von den Produzenten zu erwerben.

(8) Bei der Vergebung von Bauten sind im Falle gleicher Preisstellung die am Orte der Ausführung oder in dessen Nähe wohnenden Gewerbetreibenden vorzugsweise zu berücksichtigen, wenn sie die Arbeiten im eigenen Betriebe ausführen.

(9) Liegen von mehreren Handwerkern gleichwertige Angebote vor, so sind bei der Zuschlagserteilung diejenigen Bewerber vorzugsweise zu berücksichtigen, die berechtigt sind, den Meistertitel zu führen (§ 133

Gew.-O. und Art. 8 des Ges., betr. die Abänderung der Gew.-O. vom 26. Juli 1897, R.-G.-Bl. S. 663).

(10) Im übrigen ist bei öffentlichen Ausschreibungen der Zuschlag demjenigen der drei als Mindestfordernde in Betracht kommenden Bewerber zu erteilen, dessen Angebot unter Berücksichtigung aller Umstände als das annehmbarste zu erachten ist.

(11) Bei engeren Ausschreibungen hat unter sonst gleichwertigen Angeboten die Vergebung an den Mindestfordernden zu erfolgen. Sind ausnahmsweise den Bewerbern die näheren Vorschläge in betreff der einzelnen Anlagen und Einrichtungen überlassen worden, so ist der Zuschlag auf dasjenige Angebot zu erteilen, das für den gegebenen Fall als das geeignetste und zugleich in Abwägung aller Umstände als das preiswürdigste erscheint.

(12) Ist keines der hiernach bei öffentlichen und engeren Ausschreibungen in Betracht kommenden Mindestangebote für annehmbar zu erachten, so hat die Ablehnung sämtlicher Gebote und die Einleitung eines neuen Verfahrens zu erfolgen.

III. Abschluß förmlicher Verträge.

1. Form der Verträge.

(1) Über den durch die Erteilung des Zuschlags zustande gekommenen Vertrag ist der Regel nach eine schriftliche Urkunde zu errichten.

(2) Hiervon kann unter der Voraussetzung, daß die Rechtsgültigkeit des Übereinkommens dadurch nicht in Frage gestellt wird, abgesehen werden:

a) bei Gegenständen bis zum Wert von 3000 Mark einschließlich;
b) bei Zug um Zug bewirkten Leistungen und Lieferungen;
c) bei einfachen Vertragsverhältnissen, über die ein alle wesentlichen Bedingungen enthaltender Brief- oder Telegrammwechsel vorliegt.

(3) Wird in solchen Fällen von der Aufstellung einer schriftlichen Urkunde Abstand genommen, so ist in anderer geeigneter Weise — z. B. durch Bestellzettel, schriftliche, gegenseitig anerkannte Aufzeichnungen — für die Sicherung der Beweisführung über den wesentlichen Inhalt des Übereinkommens Vorsorge zu treffen.

2. Fassung der Verträge.

(1) Die Fassung der Vertragsbedingungen muß knapp, aber bestimmt und deutlich sein.

(2) Den Verträgen sind die allgemeinen Vertragsbedingungen zugrunde zu legen, und zwar, soweit nicht ein anderes ausdrücklich bestimmt ist:

a) Bei Verdingung der Herstellung oder Veränderung von Bauwerken (einschließlich Erdarbeiten), sowie bei sonstigen Werkverdingungen die „allgemeinen Vertragsbedingungen für die Ausführung von Staatsbauten";
b) bei den außerhalb des Geltungsbereichs von Verträgen der zu a) gedachten Art erforderlich werdenden Beschaffungen von Bau- und Betriebsstoffen, oder von sonstigen beweglichen Sachen, die im Verkehr nach Zahl, Maß oder Gewicht bestimmt zu

werden pflegen, die „allgemeinen Vertragsbedingungen für die Ausführung von Leistungen oder Lieferungen".

(3) Änderungen der allgemeinen Vertragsbedingungen sind nur in den Fällen gestattet, für welche ausdrücklich eine abweichende Regelung durch die besonderen Vertragsbedingungen als zulässig bezeichnet ist (vgl. Abschnitt IV).

(4) Für die einzelnen Gruppen von häufiger vorkommenden Leistungen oder Lieferungen sind einheitliche Vertragsbedingungen festzustellen.

(5) In der Vertragsurkunde müssen außer der Bezeichnung der vertragschließenden Parteien die besonderen der Verdingung zugrunde gelegten Bedingungen enthalten sein.

(6) Der Vertragsschluß geschieht seitens des beauftragten Beamten namens der die Verwaltung vertretenden Behörde.

(7) Für den Vertragsschluß kommen namentlich in Betracht:

a) der Gegenstand der Verdingung unter Bezeichnung der Bezugsquelle, falls eine derartige Angabe ausnahmsweise verlangt ist;

b) die Höhe der Vergütung und die Kasse, durch welche die Zahlungen zu erfolgen haben;

c) die Vollendungsfrist und die etwaigen Teilfristen;

d) die Höhe einer etwaigen Vertragsstrafe sowie die Voraussetzungen, unter denen sie fällig wird;

e) die Höhe einer etwa zu bestellenden Sicherheit unter genauer Bezeichnung derjenigen Verbindlichkeiten, für deren Erfüllung diese haften soll, sowie derjenigen Voraussetzungen, unter denen die Rückgabe zu erfolgen hat;

f) das Nähere in betreff der Abnahme der Leistungen oder Lieferungen sowie der Dauer und des Umfanges der von dem Unternehmer zu leistenden Gewähr;

g) die Abweichungen von den allgemeinen Vertragsbedingungen in betreff der Ernennung der Schiedsrichter und der Wahl eines Obmanns;

h) die technischen Vorschriften wegen der Beschaffenheit der Baustoffe, der Art der Ausführung und der dabei zu beachtenden Gesichtspunkte, soweit diese sich nicht bereits aus den Anschlägen und Zeichnungen ergeben.

(8) Soweit der Unternehmer von ihm selbst im Inlande erzeugte Mengen von Sachen oder Waren liefert, ist dies nach den stempelrechtlichen Vorschriften in der Vertragsurkunde zum Ausdruck zu bringen. Bei Werkverträgen über nicht bewegliche Gegenstände ist nicht nur der Gesamtpreis, sondern auch der Wert der Baustoffe in demjenigen Zustande, in welchem sie mit dem Grund und Boden in dauernde Verbindung gebracht werden sollen, im Vertrage anzugeben.

(9) Die allgemeinen Vertragsbedingungen sind, insofern nicht bei einfachen Vertragsverhältnissen zweckmäßiger die Aufnahme der wesentlichsten Bestimmungen in den Vertrag selbst erfolgt, der Vertragsurkunde beizufügen.

(10) Verdingungs-Anschläge, Zeichnungen, allgemeine und besondere Bedingungen sind durch Anheften mit Schnur und Siegel zu Bestandteilen des Vertrages zu machen. Umfangreichere Zeichnungen sind als Anlagen lose beizufügen und als solche beiderseits anzuerkennen.

(11) Durchstreichungen, Radierungen, Einschaltungen sind in den Vertragsurkunden zu vermeiden. Werden Berichtigungen erforderlich, so sind sie am Rande durch die Unterschrift beider Teile anzuerkennen.

(12) Die Seiten der Vertragsurkunden sind mit fortlaufenden Zahlen zu bezeichnen.

IV. Inhalt und Ausführung der Verträge.

Die Verbindlichkeiten, die den Unternehmern auferlegt werden, dürfen dasjenige Maß nicht übersteigen, welches Privatpersonen sich in ähnlichen Fällen auszubedingen pflegen. In den Verträgen sind nicht nur die Pflichten, sondern auch die ihnen entsprechenden Rechte der Unternehmer zu verzeichnen.

Im einzelnen.

1. Zahlung.

(1) Die Zahlungen sind unter tunlichster Berücksichtigung der Verkehrssitte aufs äußerste zu beschleunigen.

(2) Die Abnahme hat alsbald nach Fertigstellung oder Ablieferung der Leistung oder Lieferung zu erfolgen.

(3) Verzögert sich die Zahlung infolge der notwendigen genauen Feststellung des Geleisteten oder Gelieferten oder erstreckt sich die Ausführung über einen längeren Zeitraum, so sind Abschlagszahlungen bis zu demjenigen Betrage zu leisten, den der abnehmende Beamte nach pflichtmäßigem Ermessen zu vertreten vermag.

(4) Wird dem Unternehmer von der Verwaltung eine Frist für die Einreichung der Schlußrechnung gesetzt, so hat die Prüfung und Feststellung der richtig befundenen Schlußrechnung innerhalb einer anschließenden gleichen Frist zu erfolgen.

(5) Auf Antrag der Unternehmer sind Zahlungen an sie durch Vermittlung der Reichsbank zu leisten.

2. Sicherheitsleistung.

(1) Die Zulassung zu dem Ausschreibungsverfahren ist von einer vorgängigen Sicherheitsleistung nicht abhängig zu machen; dagegen kann in den hierzu geeigneten Fällen vor der Erteilung des Zuschlags die ungesäumte Sicherheitsleistung verlangt werden.

(2) Die Sicherheit kann durch Bürgen oder durch Pfänder bestellt werden.

(3) Bei Bemessung der Höhe der Sicherheit und der Bestimmung darüber, ob sie auch während der Gewährleistungszeit ganz oder teilweise einbehalten wird, ist über dasjenige Maß nicht hinauszugehen, welches geboten ist, um die Verwaltung vor Schaden zu bewahren.

(4) Der Regel nach ist die Sicherheit nicht höher als auf 5 vom Hundert der Vertragssumme zu bemessen.

(5) Wenn die Vertragssumme 10000 Mark nicht übersteigt oder wenn die zu hinterlegende Sicherheit den Betrag von 500 Mark nicht erreichen würde, ist auf Sicherheitsleistung in den Fällen zu verzichten, in denen die Unternehmer als leistungsfähig und zuverlässig bekannt sind.

(6) Sicherheiten bis zu 1000 Mark können durch Einbehaltung von den Abschlagszahlungen eingezogen werden.

(7) Zur Hinterlegung von Sparkassenbüchern als Sicherheit dürfen

nicht nur Abrechnungsbücher von solchen öffentlichen Sparkassen, die behördlich zur Anlegung von Mündelgeld für geeignet erklärt sind, sondern auch Abrechnungsbücher von anderen öffentlichen und Privatsparkassen, Banken, Kreditgenossenschaften und sonstigen privaten Anstalten angenommen werden. Bei der Sicherheitsleistung durch Abrechnungsbücher der letztgedachten Art ist jedoch zugleich der Nachweis zu erbringen, daß die betreffenden Anstalten nach ihren finanziellen Grundlagen und organisatorischen Einrichtungen ausreichende Sicherheit bieten.

(8) Der Bürge hat einen Bürgschein nach dem Muster der Anlage 2 auszustellen.

(9) Der Unternehmer, der in das Reichs- oder Staatsschuldbuch eingetragene Forderungen, Depotscheine der Reichsbank oder der Kgl. Seehandlung (Preußischen Staatsbank), oder aber Sparkassenbücher zum Pfande bestellt, hat eine Verpfändungsurkunde auszustellen. Diese soll bei Forderungen, die in das Reichsschuldbuch oder in das preußische Staatsschuldbuch eingetragen sind, den Wortlaut der Anlage 3, bei Verpfändung von Depotscheinen der Reichsbank oder der Kgl. Seehandlung (Preuß. Staatsbank) und von Sparkassenbüchern den Wortlaut der Anlage 4 haben.

(10) Der Verpfänder von Depotscheinen der Reichsbank oder der Kgl. Seehandlung (Preuß. Staatsbank) hat außerdem eine Erklärung nach Anlage 5 in doppelter Ausfertigung beizubringen. Die Erklärungen sind, nachdem unter die erste Ausfertigung das darunter stehende Ersuchen gesetzt ist, an die Reichsbank oder die Seehandlung zu senden, welche die zweite Ausfertigung mit der entsprechenden Erklärung zurücksendet.

(11) Bei Verpfändung von Sparkassenguthaben hat der Verpfänder nachzuweisen, daß er dem Drittschuldner (der Sparkassenverwaltung) die Verpfändung angezeigt hat. Bei Verpfändung von in das Reichs- oder Staatsschuldbuch eingetragenen Forderungen ist von ihm der Nachweis zu erbringen, daß die Verpfändung in das Schuldbuch eingetragen ist.

(12) Die Zinsscheine der Wertpapiere für denjenigen Zeitraum, während dessen voraussichtlich die Leistung oder Lieferung noch in der Ausführung begriffen sein wird, können in den geeigneten Fällen den Unternehmern belassen werden.

(13) Die Rückgabe der Pfänder hat, nachdem die Verpflichtungen, zu deren Sicherung sie gedient haben, erfüllt sind, ohne Verzug zu erfolgen.

3. Mehr- und Minderaufträge.

Von dem Vorbehalt einer einseitigen Vermehrung oder Verminderung der verdungenen Lieferungen oder Leistungen unter Beibehaltung der bedungenen Preis-Einheitssätze ist Abstand zu nehmen.

4. Vertragsstrafen.

(1) Vertragsstrafen sind nur auszubedingen, wenn ein erhebliches Interesse an der rechtzeitigen Vertragserfüllung besteht.

(2) Die Höhe der Vertragsstrafen ist in angemessenen Grenzen zu halten, zumal sie bei Überschreitung dieser Grenzen nach den gesetzlichen Bestimmungen auf Antrag des Schuldners durch Urteil auf einen verhältnismäßigen Betrag herabgesetzt werden können.

(3) Von der Vereinbarung solcher Strafen ist ganz abzusehen, wenn der Verdingungsgegenstand vorkommendenfalls ohne weiteres in der bedungenen Menge und Güte anderweit zu beschaffen ist.

5. Überwachung der Ausführung.

Die Kosten der Überwachung und der Abnahme der Leistungen oder Lieferungen sind von der Verwaltung zu tragen, soweit in den Vertragsbedingungen nichts anderes bestimmt ist.

6. Meinungsverschiedenheiten.

(1) Bei der Vergebung von Lieferungen ist es nicht zulässig, daß die vertragschließende Behörde sich die alleinige Entscheidung über die vertragsmäßige Beschaffenheit des gelieferten Gegenstandes mit Ausschluß der Anrufung eines Schiedsgerichts vertraglich vorbehält.

(2) Bei allen Streitigkeiten über die durch Verträge über Lieferungen und Leistungen begründeten Rechte und Pflichten hat zunächst die vertragschließende Behörde eine förmliche Entscheidung zu treffen und dem Unternehmer zuzustellen. Der Entscheidung der Behörde soll tunlichst eine mündliche Erörterung mit dem Unternehmer vorausgehen. Der Unternehmer ist in der behördlichen Entscheidung auf die in den allgemeinen Vertragsbedingungen für die Beantragung der schiedsrichterlichen Entscheidung festgesetzte Frist und den mit deren Ablauf verbundenen Rechtsnachteil ausdrücklich hinzuweisen. Erst gegen die Entscheidung der Behörde kann das Schiedsgericht angerufen werden.

(3) Soweit erforderlich, sind Bestimmungen über die Bildung eines Schiedsgerichts in die besonderen Vertragsbedingungen aufzunehmen.

(4) Falls es als vorteilhaft erkannt werden sollte, von vornherein einen dritten Schiedsrichter als Obmann zuzuziehen, so ist den Vertragsbedingungen folgende Fassung zu geben:

„Das Schiedsgericht wird in der Weise gebildet, daß die beiden gewählten Schiedsrichter vor Eintritt in die Verhandlung einen Obmann wählen. Findet über die Person des letzteren keine Einigung statt, so wird er von dem Leiter derjenigen benachbarten Provinzialbehörde desselben Verwaltungszweigs ernannt, deren Sitz dem Sitze der vertragschließenden Behörde am nächsten belegen ist.“

(5) Je nach Art und Umfang der Leistungen oder Lieferungen kann die Entscheidung streitiger Fälle Einzelschiedsrichtern übertragen werden. Gegebenenfalls würde die betreffende Bestimmung der Vertragsbedingungen dahin zu lauten haben,

daß das Schiedsgericht durch einen Schiedsrichter gebildet wird, welcher mangels Einigung unter den Parteien von dem Leiter derjenigen benachbarten Provinzialbehörde desselben Verwaltungszweigs zu ernennen ist, deren Sitz dem Sitze der vertragschließenden Behörde am nächsten liegt.

(6) Für Streitigkeiten, die sich auf ein verwickeltes Vertragsverhältnis oder vorwiegend auf Rechtsfragen beziehen, ist von der zur Wahl oder Ernennung eines Schiedsrichters berufenen Behörde daran festzuhalten, daß bei Schiedsgerichten mit nur einem Schiedsrichter dieser Schiedsrichter, bei Schiedsgerichten mit zwei Schiedsrichtern mindestens der eine Schiedsrichter und bei Schiedsgerichten mit drei Schieds-

richtern jedenfalls der Obmann die Befähigung zum Richteramte besitzen und im unmittelbaren oder mittelbaren Staatsdienste, oder im Dienste einer deutschen Eisenbahnverwaltung angestellt sein muß.

7. Kosten des Vertragsabschlusses.

(1) Zu den Kosten, die vom Unternehmer nach dem Vertrage zur Hälfte mitgetragen werden, gehören nur diejenigen Gebühren und Auslagen, welche durch etwaige notarielle oder gerichtliche Aufnahme des Vertrages entstehen.

(2) Bezüglich der Übernahme von Stempelkosten auf die Verwaltung sind die gesetzlichen Vorschriften maßgebend.

8. Zeugnisse für die Unternehmer.

(1) Offene Zeugnisse über Leistungsfähigkeit dürfen Unternehmern nicht erteilt werden, dagegen sind ihnen auf Antrag von den bauleitenden Behörden Bescheinigungen über Art und Zeit der ausgeführten Leistungen und Lieferungen und über die Bewährung der gelieferten Baustoffe auszustellen.

(2) Die bauleitenden Behörden haben anderen ausschreibenden Behörden die von ihnen gewünschte Auskunft schleunigst und erschöpfend zu erteilen.

9. Rechnungslegung.

(1) Bei vertraglichen Leistungen und Lieferungen ist in der Schlußrechnung zu vermerken, ob dem Vertragsabschluß ein öffentliches oder engeres Ausschreibungsverfahren vorangegangen und ob der Unternehmer Mindestfordernder gewesen ist.

(2) Soweit Leistungen und Lieferungen im Werte von mehr als 3000 Mark freihändig oder auf Grund eines engeren Ausschreibungsverfahrens vergeben sind, ist zur Schlußrechnung anzugeben, aus welchen Gründen von jeder Ausschreibung oder von einer öffentlichen Ausschreibung abgesehen ist. Außerdem bedarf es in diesen Fällen einer Begründung bei der Zuschlagerteilung an Nichtmindestfordernde.

(3) Die Angaben zu (2) sind in einer besonderen Anlage dem Rechnungsbelage beizufügen.

Anlage 1.

Bedingungen

für die

Bewerbung um Arbeiten und Lieferungen.

§ 1.

Persönliche Tüchtigkeit und Leistungsfähigkeit der Bewerber.

Bei der Vergebung von Arbeiten oder Lieferungen hat niemand Aussicht, als Unternehmer angenommen zu werden, der nicht für ihre tüchtige und pünktliche Ausführung die erforderliche Sicherheit bietet.

§ 2.

Einsicht und Bezug der Verdingungsunterlagen.

Verdingungsanschläge, Zeichnungen, Bedingungen usw. sind an den in der Ausschreibung bezeichneten Stellen einzusehen. Vervielfältigungen werden auf Ersuchen gegen Erstattung der Selbstkosten verabfolgt, soweit sie vorrätig sind, oder durch die verfügbaren Hilfskräfte neu angefertigt werden können. Der Name des Bewerbers, an den die Verdingungsunterlagen verabfolgt sind, wird nicht bekannt gegeben.

§ 3.

Form und Inhalt der Angebote.

(1) Die Angebote sind unter Benutzung der etwa vorgeschriebenen Vordrucke, von den Bewerbern unterschrieben, mit der in der Ausschreibung geforderten Überschrift versehen, verschlossen, porto- und bestellgeldfrei bis zu dem angegebenen Zeitpunkte einzureichen.

(2) Die Angebote müssen enthalten:

a) die ausdrückliche Erklärung, daß der Bewerber sich den Bedingungen, die der Ausschreibung zugrunde gelegt sind, unterwirft;
b) die Angabe der geforderten Preise nach Reichswährung, und zwar sowohl der Preise für die Einheiten als auch der Gesamtforderung in Zahlen und Buchstaben; stimmt die Angabe der Einheitspreise in Zahlen mit der in Buchstaben nicht überein, so soll die Angabe in Buchstaben maßgebend sein; die Gesamtforderung wird aus den Einheitspreisen rechnerisch festgestellt;
c) die genaue Bezeichnung und Adresse des Bewerbers;
d) von gemeinschaftlich bietenden Personen die Erklärung, daß sie sich für das Angebot als Gesamtschuldner verbindlich machen, sowie die Bezeichnung eines zur Geschäftsführung und zur Empfangnahme der Zahlungen Bevollmächtigten; letzteres Erfordernis gilt auch für die Gebote von Gesellschaften und juristischen Personen;
e) nähere Angaben über die Bezeichnung der etwa mit eingereichten Proben. Die Proben selbst müssen ebenfalls vor der Verhandlung zur Eröffnung der Angebote eingesandt und derart bezeichnet sein, daß sich ohne weiteres erkennen läßt, zu welchem Angebot sie gehören;
f) die etwa vorgeschriebenen Angaben über die Bezugsquellen der Waren und die zu deren Herstellung verwendeten Roh- und Hilfsstoffe.

(3) Angebote, die diesen Vorschriften nicht entsprechen, insbesondere solche, die bezüglich des Gegenstandes von der Ausschreibung selbst abweichen oder das Gebot an Sonderbedingungen knüpfen, haben keine Aussicht auf Berücksichtigung.

§ 4.

Wirkung des Angebots.

(1) Die Bewerber bleiben von dem Eintreffen des Angebots bei der ausschreibenden Behörde bis zum Ablauf der festgesetzten Zuschlagsfrist an ihre Angebote gebunden.

(2) Die Bewerber unterwerfen sich mit Abgabe des Angebots wegen aller für sie daraus entstehenden Rechte und Verbindlichkeiten der Zuständigkeit der Gerichte des Ortes, an dem die ausschreibende Behörde ihren Sitz hat.

§ 5.

Erteilung des Zuschlags.

(1) Der Zuschlag wird von dem mit der Ausschreibung beauftragten Beamten oder von der ausschreibenden Behörde oder von einer dieser übergeordneten Behörde entweder in der von dem gewählten Unternehmer mit zu vollziehenden Verhandlungs-Niederschrift oder durch besondere schriftliche Mitteilung erteilt.

(2) Letzterenfalls ist der Zuschlag mit bindender Kraft erfolgt, wenn die Benachrichtigung hiervon innerhalb der Zuschlagsfrist als Depesche oder Brief dem Telegraphen- oder Postamt zur Beförderung an die in dem Angebot bezeichnete Adresse übergeben worden ist.

(3) Diejenigen Bewerber, die den Zuschlag nicht erhalten, werden benachrichtigt, und zwar erfolgt die Nachricht als portopflichtige Dienstsache. Proben werden im Falle der Ablehnung des Angebots nur dann zurückgegeben, wenn dies in dem Angebotschreiben ausdrücklich verlangt oder ein dahingehender Antrag innerhalb vier Wochen nach Eröffnung der Angebote gestellt wird, vorausgesetzt, daß die Proben bei den Prüfungen nicht verbraucht sind. Die Rücksendung erfolgt alsdann auf Kosten des betreffenden Bewerbers. Eine Rückgabe findet im Falle der Annahme des Angebots in der Regel nicht statt; wertvolle Proben können jedoch auf die zu liefernde Menge angerechnet, oder, soweit angängig, nach beendeter Lieferung dem Unternehmer auf seine Kosten wieder zugestellt werden.

(4) Eingereichte Entwürfe werden geheim gehalten und auf Verlangen zurückgegeben.

(5) Den Empfang des Zuschlagsschreibens hat der Unternehmer umgehend schriftlich zu bestätigen.

§ 6.

Beurkundung des Vertrages.

(1) Der Bewerber, der den Zuschlag erhält, ist verpflichtet, auf Erfordern über den durch die Erteilung des Zuschlags zustande gekommenen Vertrag eine schriftliche Urkunde zu vollziehen.

(2) Sofern die Unterschrift des Bewerbers der Behörde nicht bekannt ist, bleibt vorbehalten, ihre Beglaubigung zu verlangen.

(3) Die der Ausschreibung zugrunde liegenden Verdingungsanschläge, Zeichnungen, Bedingungen usw., welche bereits durch das Angebot anerkannt sind, hat der Bewerber bei Abschluß des Vertrages mit zu unterzeichnen.

§ 7.

Sicherheitsleistung.

Innerhalb 14 Tagen nach der Erteilung des Zuschlags hat der Unternehmer die vorgeschriebene Sicherheit zu bestellen, widrigenfalls die Behörde befugt ist, von dem Vertrage zurückzutreten und Schadenersatz zu beanspruchen.

§ 8.

Kosten der Ausschreibung.

Zu den durch die Ausschreibung selbst entstehenden Kosten hat der Unternehmer nicht beizutragen.

Anlage 2.

Bürgschein.

Für die Erfüllung der von dem .... in dem Vertrage vom .... übernommenen Verbindlichkeiten .... verbürge .... hierdurch selbstschuldnerisch unter Verzicht auf die Einreden der Anfechtung, der Aufrechnung und der Vorausklage (§§ 770, 771 des Bürgerlichen Gesetzbuchs) bis zum Betrage von .... (geschrieben ....). Auf Anzeige gemäß § 777 des Bürgerlichen Gesetzbuchs wird verzichtet.

...., den ....ten .... 19......

Angenommen:

Königliche

(Unterschrift.) (Unterschrift des Bürgen.)

Anlage 3.

Verpfändungsurkunde.

Zur Sicherheit für die Forderungen, welche der .... Verwaltung aus dem .... Vertrage vom .... gegen den .... etwa erwachsen möchten, wird dieser hierdurch diejenige Forderung von .... Mark verpfändet, welche dem Unterzeichneten gegen die Hauptverwaltung der Staatsschulden / Reichsschuldenverwaltung laut Konto .... zusteht. Zugleich wird die .... ermächtigt, den Antrag auf gänzliche oder teilweise Löschung der Forderung, gegen Ausreichung von Schuldverschreibungen der .... % konsolidierten Anleihe an sie, selbst zu stellen und die Zinsen des Kontos zu erheben.

...., den ......ten .... 19......

Angenommen:

Königliche ....

(Unterschrift.) (Unterschrift des Verpfänders.)

(Diese Unterschrift ist gerichtlich oder notariell zu beglaubigen.)

Anlage 4.

Verpfändungsurkunde.

Zur Sicherheit für die Forderungen, welche der .... Verwaltung aus dem .... Vertrage vom .... gegen den .... etwa erwachsen möchten, wird dieser hierdurch diejenige Forderung verpfändet, welche dem Unterzeichneten — gegen die Deutsche Reichsbank laut Depotschein Nr. .... gegen die Königl. Seehandlung (Preuß. Staatsbank) laut Depotschein Nr. .... gegen die Sparkasse zu .... laut Sparkassenbuch Nr. .... — auf Herausgabe — der — des — im letzteren bezeichneten — Wertpapiere — Guthabens — zusteht. Zugleich wird die .... ermächtigt, das vorstehende — Depot bei der Reichsbank — Königl. Seehandlung (Preuß. Staatsbank) — Guthaben bei der Sparkasse — zu erheben und darüber Quittung zu erteilen.

...., den ......ten .... 19.....

Angenommen:

Königliche ....

(Unterschrift.) (Unterschrift des Verpfänders.)

Erste Ausfertigung. **Anlage 5.**

............................., den .... 19......

An

das Kontor für Wertpapiere
der Reichshauptbank — der Königl. Seehandlung (Preuß. Staatsbank)
in Berlin.

Die Reichsbank — Königl. Seehandlung — benachrichtige......, daß .... die nach dem Depotschein ....
Nr. .... über ℳ ....
" .... " " ....
" .... " " ....
" .... " " ....
" .... " " ....
für eigene Rechnung dort in Verwahrung gegebenen Wertpapiere und das .... der Reichsbank — Königl. Seehandlung — gegenüber zustehende Rückforderungsrecht der Königlichen ....
....
....
verpfändet habe.

Die Reichsbank — Königl. Seehandlung — ersuche......................., die vorbezeichneten Wertpapiere nebst Zinsscheinen und Anweisungen fortan für die genannte Behörde zu verwahren und nur dieser gegen deren Quittung herauszugeben.

(Unterschrift.)

Urschriftlich.

an das Kontor für Wertpapiere
der Reichshauptbank — der Königl. Seehandlung (Preuß. Staatsbank)
in Berlin.
mit dem Ersuchen zu übersenden, die anliegende zweite Ausfertigung des obigen Antrages, welchem wir uns anschließen, nach Abgabe der darunter befindlichen Erklärung an uns zurückzusenden.

.................................., den .... 19.....

Königliche ....

(Unterschrift.)

Zweite Ausfertigung.

.............................., den .... 19.....

An
das Kontor für Wertpapiere
der Reichshauptbank — der Königl. Seehandlung (Preuß. Staatsbank)
in Berlin.

Die Reichsbank, — Königl. Seehandlung — benachrichtige......, daß .... die nach dem Depotschein ....
Nr. .... über ℳ ....
" .... " " ....
" .... " " ....
" .... " " ....
" .... " " ....
für eigene Rechnung dort in Verwahrung gegebenen Wertpapiere und das .... der Reichsbank — Königl. Seehandlung — gegenüber zustehende Rückforderungsrecht der Königlichen ....
als Sicherheit für ....
verpfändet habe.

Die Reichsbank — Königl. Seehandlung — ersuche..................., die vorbezeichneten Wertpapiere nebst Zinsscheinen und Anweisungen fortan für die genannte Behörde zu verwahren und nur dieser gegen deren Quittung herauszugeben.

(Unterschrift.)

Der Königlichen ....
zu ....

bestätigen wir, eine gleichlautende Ausfertigung erhalten zu haben; zugleich erklären wir uns bereit, das bezügliche Depot gegen Übernahme d........... bezeichneten quittierten Depotschein...... und dieser Bescheinigung an die Königliche .... auszuhändigen.

Berlin, den .... 19.....

Kontor für Wertpapiere
der Reichshauptbank — der Königl. Seehandlung (Preuß. Staatsbank)

Anhaltische Buchdruckerei Gutenberg, e. G. m. b. H., Dessau.

Anhaltische Buchdruckerei Gutenberg, e. G. m. b. H., Dessau.

Kolibri 360 GmbH
Ferdinand-Jühlke-Straße 7
99095 Erfurt, Deutschland
produktsicherheit@kolibri360.de